小学信息技术课程
与教学理论实践探究

张正富◎著

中国原子能出版社

图书在版编目（CIP）数据

小学信息技术课程与教学理论实践探究 / 张正富著
. -- 北京：中国原子能出版社，2023.9
ISBN 978-7-5221-2979-2

Ⅰ. ①小… Ⅱ. ①张… Ⅲ. ①计算机课-教学研究-
小学 Ⅳ. ①G623.582

中国国家版本馆 CIP 数据核字(2023)第177126号

小学信息技术课程与教学理论实践探究

出版发行	中国原子能出版社（北京市海淀区阜成路43号　100048）
责任编辑	杨晓宇
责任印制	赵　明
印　　刷	北京天恒嘉业印刷有限公司
经　　销	全国新华书店
开　　本	787 mm×1092 mm　　　1/16
印　　张	12
字　　数	202 千字
版　　次	2023 年 9 月第 1 版　　　2023 年 9 月第 1 次印刷
书　　号	ISBN 978-7-5221-2979-2　**定　价**　72.00 元

前　言

随着数字技术、网络技术的快速发展，一个互联互通的地球村正在加速形成。无论是大都市，还是偏远地区，学生都需要为毕业后的全球化竞争做好充分准备，学生不但要拥有理论知识，还必须掌握其他必备的社会技能，才能够在竞争中立于不败之地。数字能力成为数字时代个体生存的重要能力，开展信息技术教育成为各国的重要战略。在数字时代，信息技术教育应该着重对学生的创新能力和实践能力进行培养，这也是素质教育的要求。

如何在信息技术课程这门必修课程中有效地提高教学的效率和效果，是广大教师重点关注的问题。培养小学生信息素养的重要手段和途径就是落实信息技术课程教学，而信息技术教育就是利用信息技术开展教育活动，是一种把提高学生的信息素质作为目的的教育。信息技术教育，一方面会让学生学会利用信息工具实现对各种技术以及技能的获取与信息处理；另一方面让学习者具备包括信息社会所需的信息能力、信息意识、道德观念、价值情感在内的信息素养，以适应信息社会。

本书共五章内容，第一章为小学信息技术课程概述，内容包括信息技术与信息技术课程、信息技术课程与教学研究意义和国内外信息技术教育发展现状；第二章为小学信息技术课程教学基础理论，介绍了信息技术课程教学目标与内容以及信息技术课程教学特点与基本原则；第三章为小学信息技术课程教学设计，论述了教学设计概述、信息技术教学过程设计、信息技术教学环境设计以及信息技术课型与教学设计；第四章为小学信息技术课程教学评价，内容包括教学评价概述、信息技术教学评价过程、方法与实施、信息技术课程中学生评价以及信息技术课程中教师教学评价；第五章为信息技术教师素养与发展，研究了信息技术教师概述、信息技术教师的素养和信息技术教师的专业化发展。

　　在撰写本书的过程中，作者得到了许多专家学者的帮助和指导，参考了大量的学术文献，在此表示真诚的感谢。本书内容系统全面，论述条理清晰、深入浅出，但由于作者水平有限，书中难免会有疏漏之处，希望广大同行批评指正。

目　录

第一章　小学信息技术课程概述

本章主要内容为小学信息技术课程概述，主要介绍了信息技术与信息技术课程、信息技术课程与教学研究意义以及国内外信息技术教育发展现状。

第一节　信息技术与信息技术课程

一、　信息技术

（一）信息技术的概念

"信息技术"是信息社会使用频率最高的词汇之一，人们因其使用目的、范围、层次的不同对其定义有不同的表述。对信息技术的概念，目前大致有三种不同的理解：（1）信息技术就是计算机技术；（2）信息技术是计算机技术与网络技术的组合；（3）信息技术包括三种技术——视听技术、计算机技术、整合技术。

大中城市或经济发达地区的学校使用这一术语时，会较多地采用第二种或第一种理解；经济欠发达地区，尤其是农村的许多学校，因离普及视听技术的教育应用尚有很大的距离，故多采用第三种理解。

具体而言，信息技术主要指的是采集加工信息、存储传播信息，以及信息应用的手段和方法。信息技术主要包含两个方面的内涵：一是手段，也就是说各种信息媒体，换句话说是一种物化形态的技术，比如电子媒体、印刷媒体、计算机网络等；二是方法，对于各种信息运用信息传媒进行采集、存储、加工、传播、应用的方法与手段，属于智能形态的技术。信息技术主要由两个要素组成：信息媒体和信息媒体应用的方法。

以计算机技术为核心，以多媒体技术、网络技术为发展热点，是当今信息技术的发展趋势。

（二）信息技术的特征

信息技术作为一个独立的技术门类，具有自己的技术特征，同时又广泛地应用于社会的各个领域，具有明显的社会特征。

1. 信息技术的技术特征

（1）数字化

在信息处理和传输过程中，二进制数字信号是最容易被表达、状态最稳定的信号。数字化指的是利用电磁介质，按照二进制编码的方式对信息进行处理和传输，转化成能够被计算机处理和传输的信息。数字化后，我们可以利用多媒体将各种信息形式，如文字、图形、声音、图像等组合在一起，进行统一的信息处理和传输，将信息组织形式由顺序的方式转变为可按其本身的逻辑关系组成的相互关联的网络结构，这为提高信息检索效率奠定了基础。

（2）网络化

伴随着计算机技术的不断发展，以及与通信技术的相互融合，当前的人类社会已经步入了一个崭新的网络时代。通过通信线路和相应设备网络将分散在各个地方的单独的计算机连接在一起，从而实现了共享硬件与软件信息资源。在技术上，网络化主要依托传输协议，对各种信息安全进行保护，让各种信息可以安全可靠地到达指定的位置。当前，信息网络正以前所未有的速度发展，由局域网发展到城域网，再到广域网和国际互联网。

如今互联网的各项服务（如电子邮件、远程登录、电子论坛）已经深入到人们的日常教育等活动之中。

（3）智能化

人工智能理论与方法在通信领域中的应用，催生了具有类似人脑思维能力的智能通信网，一旦网络所提供的一些服务因为故障问题出现中断的，可以对故障进行自动诊断，自动进行服务恢复。在计算机领域，超级智能芯片、神经计算机、自我增值数据库系统等将得到发展，与此对应，第六代（部分学者称为第五代）计算机将具有人类的思维功能。在多媒体领域将出现计算机支持的协同工作环境及智能多媒体，届时可以更加便捷地对文字、符号图形、声音、影像等进行识别和处理。在信息系统领域，智能信息系统的出现将为我们提供智能的人机界面，用户与系统之间可用自然语言交互，系统可提供强大的推理、检索、学习功能。

（4）个人化

信息技术具备移动性和全球性，以实现个人通信为目标。它的目标被简称为5W，即无论任何人（Whoever）在任何时候（Whenever）和任何地方（Wherever）都能与其他任何人（Whoever）自由地进行任何形式（Whatever）上的通信，即不论在室内或室外、静止或移动，都能随时随地进行个人通信，通信既能提供语言通信，又能提供数据处理和其他业务。

（5）高速化

计算机和通信的发展速度越来越快，计算机已经具备了强大的存储能力和极快的处理速度。计算机不仅运算速度快，还能同时处理大量不同类型的信息，现代通信技术除采用数据压缩技术外，还要求信息通道具有很大的带宽，光纤通信技术就是解决带宽的有效手段，通常一条光纤每秒钟可以传输数百太字节的数据。

2. 信息技术的社会特征

（1）知识密集

信息技术涉及高新科技前沿的研究，涉及各个方面的知识背景，因而在信息技术领域，集中了大批科技尖端人才，形成了高智商、高素质的人才群体。例如美国的硅谷、中国的中关村，聚集了大量高学历、高智商的科研技术人员，从事着与信息技术相关的工作。

（2）更新速度加快

信息技术从它诞生的那天起就不断地更新发展着，而且有着越来越快的发展速度。信息产品高水平、高速度地不断发展使自身的更新周期不断缩短。世界上第一代电子管计算机使用了近20年才被晶体管计算机替代，从晶体管计算机到集成电路计算机只用了不到十年的时间，从集成电路计算机到大规模集成电路、超大规模集成电路计算机则只用了几年时间。现代社会，各种信息化硬件、软件设备的更新速度还在不断加快。

（3）广泛的应用性

目前，信息技术已被广泛地应用到政治、经济、科学、文化、军事、教育等人类生产生活的各个领域，有人估计，现在全世界各国生产总值的65%与集成电路和计算机有关，这进一步加速了生产生活、教育等各个领域的信息化、智能化、电子化的进程。

（4）高风险高回报性

目前，信息技术领域的制造技术越来越精密、越来越复杂，技术难度不断加大，信息网络覆盖范围越来越广，因此研究开发费用、基础建设投资费用也越来越大。信息技术的高投入带来了回报的高风险，一旦决策失误，不仅会遭受严重的经济损失，还会贻误发展的时机。但高风险也带来了高回报，一般情况下，信息技术领域投入所产生的经济效益往往是传统领域的几倍甚至十多倍以上。

3. 信息技术的外延

我们借助对信息技术进行概念阐述以及特征分析明确了信息技术的内涵。下面我们将通过简单分析信息技术的体系结构来了解它的外延。

信息技术的体系包括如下最为基本的层次：一是基础技术层次，二是支撑技术层次，三是主体技术层次，四是应用技术层次。

若把信息技术的整个体系比喻为 棵参天大树，那么它的基础技术层次便是大树扎根的土壤，它的支撑技术层次便是大树发达旺盛的根系，它的主体技术层次是大树强劲的躯干，它的应用技术层次是大树的枝叶和花果。肥沃的土壤、发达的根系、粗壮的躯干，这一切都是造就枝繁叶茂、硕果累累的必要条件。信息技术这四个层次的关系与此极为相似。

（1）基础技术：主要指新材料技术和新能量技术（不仅是新能源技术，还包括新的能量转换和控制技术等）。

（2）支撑技术：主要指机械技术、电子技术、微电子技术激光技术和生物技术等。

（3）主体技术：主要指感测技术、通信技术、智能技术和控制技术。这四大技术又被称为信息技术的"四基元"。

（4）应用技术：包括信息技术在工业、农业国防、交通运输、科学研究、文化教育、商业贸易、医疗卫生、体育运动、文学艺术、行政管理社会服务、家庭劳作等各个领域中的应用。这些丰富多彩的实际应用，表现了信息技术强大的生命力、渗透力，表现了它与人类社会各个领域存在密切而牢固的联系。

然而需要说明的是，我们通常把主体技术和应用技术称为实用信息技术，它们都是由"四基元"直接或间接地衍生出来的。而基础技术和支撑技术一般不称为信息技术，只有在某些必要的场合，才把它们称为广义的信息技术。例如，在一般情况下，我们不把制造集成电路的技术叫作信息技术，而把利用集成电路来制造计算机或通信等信息系统的技术叫做信息技术，因为只有在后面这种场合才会系统地考虑人的信息器官功能的延伸问题。另外，现代信息技术通常是以通信、电子、计算机、自动化和光电等技术为基础，是生产、存储、转换和加工图像、文字、声音及数字信息等一切现代高技术的总称，一般认为其核心是计算机技术和现代通信技术。

二、 小学信息技术课程

信息化时代的到来，意味着人类的社会生活将会出现新的、重大的变革，信息的获取能力、传输能力、处理能力和应用能力将会成为一个人的基本能力和文化水平的标志。在我国中小学开展信息技术课程，进行信息技术教育，是实现教育现代化的必然要求，是实施素质教育的实际需要。不仅如此，开展信息技术课程还为适应21世纪国际竞争的要求，提高我国综合国力、国民素质，培养具有创新精神和实践能力的新一代人才提供了有力保障。

（一） 小学信息技术课程的价值与理念

信息技术课程是中小学一门知识性与技能性相结合的课程，具有基础性、工具性，是九年义务教育阶段所有学生的必修课程，并且，在整个的素质教育的实施过程中有着非常重要的、不可替代的作用。

1. 小学信息技术课程的价值

小学信息技术课程的价值主要表现在四个方面，具体如下。

（1）对信息技术基本技能的掌握

现代信息技术以计算机技术、通信技术、微电子技术为特征，已经渗透到了社会的方方面面，并深刻地影响着人们的生产生活。

在新形势下，我们要提高学生的综合素质，提高他们的综合能力，落实好素质教育，使他们能够更好地适应和促进社会的发展。

（2）帮助学生提高用信息技术解决问题的能力

为了使学生成为一名综合型和创新型的人才，在学习信息技术课的时候要与其他学科的课程相结合。对于学生信息技术技能的运用与实践要进行强调，当学生遇到问题的时候可以让学生使用信息技术来解决，让学生在此过程中获得终身学习的能力，获得可持续发展能力，这才是教育的终极目标。

（3）帮助学生养成创新精神和技术意识

一个人在信息时代应该具有的一种重要素质就是创造力与创新精神。信息技术是一门极具实践性的学科，学生的创造力在这一学科中得以充分发挥。学生可以在实践中体会技术所具备的价值，积极参与并主动参加科技的运用与创新。

（4）对学生的信息素养进行培养

信息技术教育作为素质教育的重要组成，可以培养学生的信息素养，不仅如此，信息技术课程还是一门和信息科学有关的必修课程。在信息教育中，计算机的使用是不可避免的，尽管如此，我们也应该认识到，信息技术课程不能成为单纯的计算机操作课程、软件使用的技能课程，一旦这样，就背离了信息技术课的学习目标。信息技术教育中要加强培养学生的信息素质，让学生认识到信息技术所具备的重要作用以及相关的用途。

2. 小学信息技术课程开发与实施的基本理念

小学信息技术课程的学习目标是对学生的信息素养进行培养，同时培养学生的创新精神与实践能力。作为一种具有非常强操作性的课程，在技能性信息技术课程开发以及实施的时候应该对以下基本理念进行遵循。

（1）目标是培养学生的信息素养

信息技术课程应该与素质教育的要求相一致，面向所有的学生，以学生的发展为中心，让学生认识到信息技术的重要性，理解其重要意义，着重培养他们的信息技术能力，在此基础上让他们具备基本的信息素养，并具备终身学习的能力。信息技术课程不能变成单纯的计算机操作课程、软件使用的技能课程，应该成为实现学生综合与良好发展的重要课程。所以，在小学进行信息技术教育的时候，在信息技术的知识和技能的选择上应该选择一些基础的、有利于学生发展的内容，课程的基本内容还应该包含方法和过程。

（2）要使学生学习信息技术的兴趣得到激发

学习的动力是兴趣。信息技术课是一门以计算机信息技能为主要教学内容的学科，具有其他学科所不具备的新颖性。在教学过程中，要通过丰富的教学内容、教学形式、活动方式等，来调动学生对信息技术的兴趣，并将之转变为一种可持久的情绪态度。同时，还要将信息技术课程与其他学科的课程相结合，让学生在实际操作中，体会到信息技术的价值和功能以及信息技术对人们的日常生活和科学技术发展产生的深远影响。

（3）在任务中掌握信息技术

在实施信息技术课程的过程中，学生可以通过特定的、具体的学习任务，培养获取、传递、处理和应用信息的能力，并培养他们运用信息技术来研究和讨论其他课程的能力。与此同时，在其他学科课程的教学过程中，也要对信息技术的应用进行充分展现，让学生可以在任务驱动的过程中，对信息技术进行掌握，并将重点放在对知识的综合运用和创新上，不断培养学生解决实际问题的能力和水平。

（4）以评价促进学生的发展

评价的目的是促进学生的发展，评价标准应该具备多元性、发展性、全程性的特征，这样才能适合具有不同性格和能力的学生，让他们对自己学习的水平和能力有一个清晰的认识，在原来的基础上，让每一个学生不断地提高对学习的兴趣和自身的综合能力。

（二）小学信息技术课程的内涵与结构

信息技术课程要让学生对信息技术的基础知识和基本技能有一个全面的了解和掌握，在不断实践中，让学生产生对信息技术学习的兴趣和积极性，并培养学生收集信息、处理信息和应用信息的能力。不仅如此，还应该培养学生自主学习的能力。在教学中也应该将与信息技术有关的伦理问题、文化问题和社会问题进行讨论，让学生正确认识与使用信息技术。

信息技术课程从教育部发布《中小学信息技术课程指导纲要（试行）》到现在，已经走过了二十多年的历程。回顾信息技术课程二十多年来的发展，我国已经基本上达成了当年制定的全民普及的目标。但是，随着新课改的不断深入，该纲要与新课改的要求已经相去甚远。从当前中小学信息技术课程的普及程度来说，特别是义务教育阶段所开设的信息技术课程的情况来看，普遍存在一些问题：课程开设不规范、没有系统的教学内容、课堂教学具有随意性等，甚至在一些地方出现了混乱的局面。在这样的形势下，需要新纲要或标准对中小学的信息技术进行引领。

《基础教育信息技术课程标准（2012版）》由中国教育技术协会信息技术专业委员会发布，文件中明确指出：信息技术课程在基础教育阶段的总目标就是对学生的信息素养进行培养和提升。在小学、初中、高中的内容组织上，考虑到各个学段学生特点和学习需求等因素的差异，小学的信息技术课程内容可以偏向于入门级的技能训练，初中的信息技术课程内容可以呈现出较为完整的信息技术体系，高中的信息技术课程内容则对领域应用更加侧重。

标准中还提到，在小学初级阶段，对信息技术的熟悉是最重要的。所以，在对小学信息技术课程的内容体系建设的时候，应该把重点放在基础上，也就是要注重对基本技能的接触，因为这个阶段学生的理解力比较弱，所以要注重对信息技术本质的认识以及相关体验。

在信息技术的内容架构上，应该设计成基础模块和拓展模块的方式。在小学阶段应该设置一个名为"信息技术基础"的基础模块，在该模块中包含三个专题，分别是"硬件与系统管理""信息加工与表达"和"网络与信息交流"，该模块一共 72 课时，可以在小学阶段的三四年级进行开设；设置"算法与程序设计入门"和"机器人入门"两个拓展模块，每一个模块都是 36 课时，一般在五六年级开设较为合适。

每一个学习阶段的教学内容、教学层次之间都有一定的衔接，并有各自的侧重点。以"算法与程序设计入门"为例，在小学阶段，它以体验为主要内容，强调使用积木式的编程工具，通过对对象、模块、控制、执行等概念和功能的直观操作体验，来体会编程的思想；在初中阶段，借助于高级程序设计语言，设计基本的程序结构，将算法思想与实际问题的解决进行结合；在高中阶段，以面向实际问题的解决为切入点，让学生通过几种比较典型的算法问题的解决，感受到算法与程序设计的作用和所蕴含的魅力。

小学阶段的信息技术课程是一门实践性、操作性较强的应用性课程，同时又是一门学科"新"（开设时间短）、教师"新"（相对年轻化）、知识"新"（知识更新周期短，技术形态变化快）的课程。而且由于义务教育阶段没有统一的国家标准，而课程又处于不断更新、快速发展的阶段，因此各地没有形成统一的模式。课程的内容、开设的形式等因每个地区、每个学校的条件不同也存在巨大的差异。

从各地开设情况来看，小学阶段的信息技术课程一般从三年级开设，个别地区也有从一年级开设的。该阶段学生年龄小，处于信息技术知识学习的初级状态，因此以掌握基础的信息技术知识及相应的技能为主。学生在小学阶段需要掌握基本的信息技术知识和基本的信息技能，并且对信息技术的发展有所关注，对于生活经验相关的最新的最先进的信息技术发展状况进行了解和掌握，明确信息技术对当代人的生产生活以及学习产生的影响。在此基础上，培养学生对信息社会的亲近感，同时培养学生对未来美好生活的期望。可以说，作为中小学课程体系中新的一员，信息技术课程正以年轻、现代的姿态前进着。

（三）小学信息技术课程的特点与教学建议

与基础教育阶段其他学科课程进行比较，小学信息技术课程由于其学科性质及小学生的年龄特点，形成了许多自身的特点，在理解小学信息技术课程时应牢牢把握其学科特点，并在开展教学设计时充分考虑。

1. 基础性

随着信息社会的到来，信息技术已经广泛地应用于社会的各个方面，信息技术成为人们工作和学习的必备素质和能力，也是学生学习其他学科、开展终身学习的必备素质和能力。

信息技术课程在小学的开设，是为了突出基础教育在人才培养中的重要性。身处信息化时代，信息技术在现代社会中已经成为每一个公民都应该具备的素养与能力，已经和读、写、算等基本能力相同。从这一点上讲，对于生活和学习中的问题，学生运用信息技术以及信息资源进行解决，需要具备一定的信息素养，这也是信息社会中社会成员的基本素养。在经济发展较快的地区，部分小学学生在接受信息技术教育前，由于受到所处环境的影响，已有了一定的运用信息技术的经历，而不是从零开始。但是，由于每一位学生所处的情境不尽相同，这种隐性课程的效果也不尽相同，总体上还没有达到普及基本信息技术基础的要求。所以，在小学阶段，信息技术课程需要面对的首要问题就是普及信息技术基础应用，也就是说，需要让学生掌握一定的信息技术知识、信息技术技能、信息技术方法与习惯，以适应信息生活与学习。

学习这些基本知识和技能的同时掌握一些基本方法，感受信息技术的变化趋势，充分体会到信息技术给他们的学习和生活带来的便捷和快乐，形成利用信息技术服务于生活和学习的意识和能力。

2. 实践性

实践性是信息技术课程非常突出也是很重要的一个特点，在当前社会中，信息技术是解决问题的重要工具，是开展创新实践的重要方法。信息技术教与学都离不开实践，离不开具体的操作与应用。即使是信息技术的技术原理，也需要学生在实践中进行体验和领悟。

培养学生运用信息技术解决实际问题的能力是课程的核心目标，可以说，小学信息技术课程中最突出的特点就是应用性。因为信息技术所具备的实践性与应用性使教师在教学活动中需要更多地将知识与实际生活相结合，让学生在教学中感受到知识是非常有趣和丰富的，信息技术知识与人们的生活息息相关。最终实现生活化教学——"源于生活，融入生活，用于生活"。

信息技术教学一方面需要让学生学习技术；另一方面还应该体会利用信息技术来解决问题的过程和解决的方法，让学生在这个过程中感知到信息技术所具备的实用性价值，并且认识到信息技术可以方便、科学地解决实际中出现的问题。在信息技术教学的时候应该引导学生在问题中去体验和感悟，积极引导学生参与"体验"活动，在体验中提出、分析、解决问题，使学生在运用信息技术的过程中不断增强利用信息技术解决问题的能力和意识。

3. 时代性

与其他课程相比，信息技术自身的发展非常迅速，这就使信息技术课程必须不断发展，具备非常强的时代性和发展性。"每18个月计算机芯片的性能价格比将提高一倍"已普遍地被计算机工程师称为"摩尔定律"，这一定律揭示了信息技术进步的速度。这就使中小学信息技术课程将在很长的时间里处于高速发展的状态，为这门课程烙上了鲜明的时代印记。

所以，在进行信息技术教学的过程中，要让学生在很小的时候，就能够对信息技术发展的动态进行主动的、积极的关注，去感受信息技术发展的新概念、新形态；去理解并掌握那些既富有生机，又十分实用的新技术、新方法；体会信息技术快速发展变化的趋势，形成适应新技术、新方法的能力，为未来的生活打下必要的知识、技能和心理基础。

怎样才能在小学阶段为学生打下良好的基础，让小学生在有限的在校学习期间，能够学到信息技术的知识和技能，并能够对他们的长远发展产生深刻的影响，并且也不会因为信息技术的发展迅速而被淘汰，这是当前小学信息技术课程面临的一个重要问题。

4. 趣味性

小学信息技术课程是一门趣味性很强的课程，不断更新的资讯、意想不到的挑战、丰富的多媒体感官刺激等都能引起学生的兴趣。

小学生学习的主要原因在于他们内心对知识的强烈渴望和对所学内容具有浓厚兴趣。如果学生对某个主题感兴趣，那么其学习动力会提高，并且也会有更好的学习效果。此外，小学阶段是否能激发小学生对信息技术的兴趣，将会深刻影响他们终身对待信息技术的态度。因此，在小学信息技术课程的教学中尤其需要注重趣味性。为了实现这一点，我们应该重视挖掘和体现信息技术课程的趣味性，积极引导学生、激发学生对信息技术的学习兴趣，在整个的教学过程中，让"趣味"贯穿始终。

小学生经常表现出富有活力、喜欢提问、充满好奇心的心理特点，他们喜欢玩耍，对形象生动有趣的东西着迷，乐于聆听动人的故事。然而，他们的注意力不太集中，容易被具有直观形象、生动活泼、新奇有趣、色彩丰富的事物所吸引。一旦学生对信息技术产生浓厚的兴趣，就会产生参与的意识与欲望，这就成为他们学习信息技术的一种推动力。当前小学信息技术课程教师的主要任务就是对学生这种动力进行开发。

5. 综合性

就小学信息技术课程的内容具备综合性的特点，不仅包含一些技能性的知识，比如信息技术的基础知识、信息技术的基本操作，也包括信息技术在学习和生活中的应用性知识与方法、相关权利义务、伦理道德以及法律法规等。此外，信息技术作为工具性的课程，可以让学生在学习后借助信息技术解决生活、学习和工作中的问题，这在一定程度上促进了信息技术与其他课程的综合。因此，与其他课程相比，信息技术课程具有更强的综合性。

我国信息技术课程从开设至今只有几十年的时间，与其他学科课程相比历史短暂，属于新课程。因此，信息技术课程在课程建设、师资队伍建设、环境建设等各个方面都存在许多问题，值得我们去探索研究。

6. 差异性

每个个体都是存在差异的，从一个班的学生来看，他们在学习习惯、学习方式等方面上存在明显的不同，具体表现在学习需要和能力发展上的不一致。在小学信息技术课堂教学中，由于计算机普及程度不同，这种情况尤为明显，一个班级的学生在信息技术知识和操作能力方面经常会表现出很大的差异，有的学生从幼儿园就开始使用计算机，而有的学生甚至尚处于"零起点"状态。当前的小学生信息技能上的差异性，一方面表现在操作的技能方面，另一方面表现在对信息的重新组织、对信息的分析利用的能力等智力技能方面。一旦在教学的过程中不加以注意，就会导致学生之间的差异性会加大。所以，教师在进行教学设计时一定要充分考虑不同层次的学生基础，在学习目标设计、活动的安排和组织、学习任务的设计等方面都要充分考虑这种差异性。

第二节　信息技术课程与教学研究意义

在基础教育课程改革中，信息技术有三个作用：一是在义务教育阶段作为综合实践活动必修课；二是作为高中技术类选修课程，独立开设信息技术课程；三是作为一种教学手段与教学工具实现对其他学科教学的促进，将信息技术与其他课程相结合。

信息技术课程源于计算机课程，并经过发展演变而来。随着信息技术的飞速发展，社会信息化水平也在不断提高。这种趋势也影响到了基础教育领域，导致信息技术课程的不断升级和变革。我们既应该认可这种变化，做好积极的思想准备，也应该认识到，这种变化并不仅仅是信息技术课程的事情，基于教育理念的不断变化，基础教育阶段的任何课程都将不断面临时间的考验。

基础教育课程改革的课程结构整体设置九年一贯的义务教育课程，从小学中高年级开始开设综合实践活动必修课。根据《基础教育课程改革纲要（试行）》的建议，应"大力推进信息技术在教学过程中的普遍应用，促进信息技术与学科课程的整合，逐步实现教学内容的呈现方式、学生的学习方式、教师的教学方式和师生互动方式的变革，充分发挥信息技术的优势，为学生的学习和发展提供丰富多彩的教育环境和有力的学习工具"。因此，信息技术课程的教师不仅需要具备信息技术教育的有关知识、能力，还应该同时具备把信息技术应用到其他课程中的能力，能与其他学科教师一起开发课程资源，开展信息技术条件下的教学。信息技术教育是综合实践活动的重要内容，信息技术作为新开设的技术类课程，采用必修和选修相结合的方式开设。

信息技术的快速发展和广泛应用已经渗透到国民经济和社会生活的方方面面。随着信息技术的进步，教育领域也不得不跟随变革，重新审视并更新教学模式、教学手段、教学内容、教学方式，甚至整体教育思想和教育理论。小学信息技术教育课程的实施可以通过研究信息技术课程与教学，确定合适的课程内容和选择合适的、科学的教学方法，从而更加有效地进行教学。建立高效的、科学的小学信息技术教育课程需要小学信息技术课程的有效教学策略研究提供理论支持，小学信息技术课程的有效教学策略研究也能为建立有效的信息技术课堂教学提供借鉴。

研究信息技术课程及相应的教学方法的实践意义在于其成果可以为小学信息技术教师提供指导方案，帮助他们在教学准备、教学管理以及教学评价方面进行改进和提升。其研究成果能够为小学信息技术课堂提供教学策略，提高教学效率，并提高学生的信息技术素养。这将为培养适应信息社会发展需要的人才做好必要的准备。

在当前的社会里，信息技术的普及程度越来越高，它已经从一种职业转变成了一种技能，学生掌握更多的信息技术可以更快地获得更多的信息和技术，更快更好地了解社会的发展趋势，更好地了解最新的学科专业知识，在此基础上，可以成为大部分学生在中学和大学阶段学习的坚实基础。

第三节　国内外信息技术教育发展现状

信息技术（Information Technology）是指所有可用于获取、管理、加工、创作、表达与交流信息的各种技术和工具。一般认为信息技术包括以下三个方面：一是计算机技术；二是视听技术；三是整合技术，包含多媒体技术和网络技术。

20 世纪 60 年代的一些美国学术文献中，首次提出了"信息技术"（Information Technology）这个词汇。当时，人们主要从产业的角度来描述和定义这个概念。20 世纪 70 年代，德国等国家、欧共体与联合国教科文组织等国际组织都颁布了许多规划，旨在推动信息技术在社会中的应用和发展。这些规划都强调了信息基础设施在其中所扮演的重要角色和地位。1993 年 9 月，美国克林顿政府正式宣布推动建设"国家信息基础设施"（National Information Infrastructure，NII），通常称为"信息高速公路"计划（Information Superhighway），该计划的重点与核心是发展以互联网为核心的全面化、综合化的信息服务系统，并在社会各领域中广泛推广信息技术（Information Technology，IT）。在该计划的推动下，越来越多的发达国家和发展中国家纷纷制订了国家信息基础设施建设计划，促进了全球信息化进程的发展。

一、　发达国家信息技术课程发展概况

信息技术教育通常来说主要分为两个主题：一是信息技术课程开设；二是信息技术在其他学科学习中的应用。本书所关注的焦点是信息技术课程。

随着科学技术、教育观念等不断变化，以计算机技术为主要内容的信息技术课程在中小学开设的几十年里，课程名称因时间和地区的差异而多种多样，如计算机、教育、信息技术教育、计算机学习（Computer Studies）、计算机文化（Computer Literacy）和信息学或者信息科技（Informations）等等。我国教育部在2000年10月25日召开的全国中小学信息技术教育工作会议上，明确地称之为"信息技术教育"，而将信息技术教育在基础教育课程体系中所对应的课程正式定名为"信息技术"课程。

为了叙述方便，我们在介绍其他国家信息技术课程时沿用各国自己的课程名称。

（一）美国的信息技术教育及其发展

世界上信息技术教育发展最早的国家是美国。美国国际商用机器公司（IBM）在20世纪50年代后期有三位热衷于教育研究的人员，在IBM650型计算机上接入一台打字机，作为教学终端，以此来教小学生二进制算术，这可以看作是计算机教育的启蒙，即计算机辅助教学（Computer Aided Instruction，CAI）的雏形。美国伊利诺伊大学在1959年最先将计算机引入校园，而麻省理工学院从20世纪60年代中期开始，就对幼儿园儿童进行了LOGO语言的教学实验。随后，在美国的中小学教育中，计算机作为一门实用性课程逐渐得到开设。随着20世纪90年代的到来，信息技术取得了迅猛的发展，人们开始更加关注和重视信息技术方面的教育。随着时间的推移，这门课程的教学内容已经不再局限于早期纯粹传授计算机知识和技能的范畴。如今，它的关注点已经扩大到了信息素养的培

养上，其中包括培养学生的信息技能、信息意识、信息伦理等方面。

保罗·泽考斯基（Paul Zurkowski）是美国信息产业协会主席，他于1974年提出信息素养的概念，这也是最早提出的信息素养概念。《信息能力：创建学习的伙伴》是美国图书馆协会（ALA）和美国教育传播与技术协会（AECT）合作出版的书籍，于1998年问世。该书从信息素养、独立学习和社会责任三个角度出发，阐述了信息素养对于技能、态度和品德等方面的要求，以九大信息素养标准为指导，规范和确定了学生应当具备的素养①。

（1）具备有效、高效的信息获取能力；

（2）具备熟练运用批判性思维评价信息的能力；

（3）具备精准、有创造性地运用信息的能力；

（4）能够获取与个人兴趣相关的信息；

（5）具备欣赏作品和通过创造性的表达形式传达信息的能力；

（6）在信息搜索和知识创造方面表现最出色；

（7）了解信息对于建立民主化社会非常重要；

（8）遵守与信息和信息技术相关的行为规范和道德准则；

（9）积极参与各种活动以便探求和创建信息。

在美国，教育课程的安排原则是基于地方分权的，并且大多数学校的课程决策权掌握在学校董事会手中。因此，在美国有三种主要方式来进行信息技术教育：第一种，一些学校并没有单独的信息技术课程，因此，会在一些数学课程或者科学课程中对计算机有关的信息技术知识进行介绍；第二种，有一些学校会专门开设专门的计算机技术课程；第三种，一些学校开设丰富多彩的信息课程和科学技术课程等多门选修课程，例如计算机应用、人工智能、程序设计。

就开展信息技术教育的硬件条件和软件条件而言，美国是全球中小学中拥有微型计算机数量和联网微型计算机数量最多的国家。美国在1995年就在幼儿园、中小学、大学等各级学校以及其他各种类型的教育机构中拥有近1000万台电子计算机（包括终端）供学生使用。美国的人均计算机拥有量世界第一，学生人

---

① 祝智庭. 信息教育展望 [M]. 上海：华东师范大学出版社，2002.

均占有计算机数也是全球第一。不仅如此，在涉及计算机技术等信息技术的应用和依赖程度上，美国也处于世界领先地位。

面向 21 世纪，美国先后制定了"2061 计划"和"科学文化"的标准，这其中包括技术与科学、设计与系统、技术中的问题等方面在内的从幼儿园到 12 年级学生学习的技术教育内容和应达到的标准。2000 年美国又制定了面向全体美国人的技术学习标准。

（二）英国的信息与交流技术教育

信息技术教育在英国有着悠久的历史和传统。1981 年，英国学校委员会面向英格兰以及威尔士地区所有学校发布了《实际课程》，在这一文件中首次明确提出了信息技术教育较为具体的目标体系。当前欧洲一体化进程不断加快，社会也朝着信息化的方向不断发展，英国社会的方方面面受到了以网络技术和计算机技术为核心的现代信息技术的深刻影响。英国政府已逐渐意识到信息技术课程的重要性，认识到培养具有信息技术能力的新一代生产者对未来社会发展所具有的关键性作用，因此必须从中小学开始实施信息技术教育，并相应地开设课程。

英国皇家督导团在 1985 年发表了一份名为《5~16 岁课程》的文件。根据该文件，初等学校在儿童教育中需要涵盖九个方面的经验领域，其中一项是包括现代信息技术在内的"技术"方面，以适应未来社会的需求。之后，在英国的 1988 年实施了教育改革，将信息技术课程纳入国家统一的课程之中。1995 年，信息技术课程成为独立的课程，从科学课程中脱离。在 1998 年，信息技术课程的性质实现了从选修课到必修课的转变，旨在提高学生的"信息技术能力"。英国政府在 1999 年颁布了《信息与交流技术课程标准》，在该标准中，对信息技术教育做了进一步的强调和重视。其中，对于中小学的信息技术教育有着明确的要求：一是培养学生通过使用信息技术工具来进行分析、探究、辨别以及创造性地进行信息加工；二是对于不同社会背景、人群、文化背景中的经验和知识，学生可以利用信息技术进行快速、准确的获取；三是加强学生独立学习的能力，让学生可以在任何时候和任何地方可以熟练使用信息技术工具，让这种能力不仅在当前发挥着重要作用，在之后的工作和学习中也可以充分发挥作用；四是借助于信息技术教育，实现学生心智发展、道德发展、社会伦理方面的发展以及文化背景知识方面的发展，帮助学生养成思维能力和意识，让学生在学习中可以协同工作，获得主动获取知识和技能的独立学习能力以及独立解决问题的实践能力。

英国在重新审视信息技术教育的目标和意义以及新时代的新性质和任务的前提下，在 2000 年进一步发展了国家课程，推出第三版，在原先"信息技术"课程的基础上进行改进，更改为"信息与交流技术"课程。在这样的背景下，英国 3.2 万所中小学均能够接入互联网，让 45 万名教师和 900 万名学生能够充分接触和利用最先进的信息技术。此时，国家课程的主要目标为：一是实现学生在精神层面、社会层面、文化层面、道德层面的全面健康发展；二是推动个人、人际、健康和公民教育；三是发展技能，如思维技能；四是发展学生的数字运用能力、共同协作能力、交流能力、自我提高能力、信息技术能力、解决问题能力。

2007 年，英国公布了新的第三学段的国家课程，包括：艺术与设计、公民教育、设计与科技、英语、地理历史、信息通信技术、数学、外语、音乐、体育和科学。设定了六个培养目标：独立探究者、创造性思维者、团队合作者、自我管理者、有效参与者和不断反思学习者①。

与信息技术（IT）不同，英国专家所定义的信息与交流技术（ICT）具有独特的特点。据他们所述，信息技术是人们在日常的工作和生活以及学习中，可以掌握正确安全、熟练运用信息交流技术所必需的知识和技能。与之不同，信息交流技术（ICT）则是通过各种信息处理方法、交流方法和技巧，来支持教育中的教学、学习以及其他一系列活动。英国改变学科课程名称，是为了适应信息化社会的发展趋势，这是一项行之有效的举措。

在英国，信息技术教育的实施是由政府主导策划的，同时社会组织广泛参与其中，具体实施由教育部门和学校进行负责。此举得到了社会各种的广泛参与与支持，比如教育部、教师培训署、教育技术委员会、资格与考试署、出版商、专业团体、计算机软硬件公司、企业培训部等。

---

① 王杉杉. 英国实施三、四学段中学课程改革［J］. 基础教育课程，2008（12）：64.

（三）日本的信息教育

在信息技术教育方面，日本作为发达国家已经有了很长时间的教育历史。为了紧跟社会信息化的步伐，日本政府非常注重培养学生的信息获取能力、筛选能力、整理能力、创新能力和传播能力等基本能力。目前，日本统一将信息技术教育称为"信息教育"。

自 20 世纪 80 年代以来，日本政府开始重视信息教育。1984 年，社会教育审议会广播教育分会首先发布了"微型计算机教育应用进修课程标准"，该标准于1985 年被总结为"关于微型计算机在教育中的应用"，并被文部省公布为普通学校计算机教育的基本方针。文部省同时成立了专家组成的临时教育审议会，提出了教育所需面对的最重要问题是国际化和信息化。此外，他们还提出了有关信息教育的三大原则，具体为：一是开展正式的以适应社会信息化的教育；二是积极挖掘和利用信息技术的潜在优势，来不断增强教育系统的活力；三是应重视教育环境的人文素质，以解决信息化所带来的负面影响。

临时教育审议会于 1986 年 4 月建议将"信息运用能力"视为与"读写算"同等重要的技能，并且在学校教育活动中培养学生这方面的能力。临时教育审议会曾向政府提交了四次咨询报告，其中多次强调教育应与信息化社会相适应，倡导培养学生的创造性、培养学生的思维与表达能力等，他们认为教育的使命应该是积极而认真地培养学生掌握和应用信息的能力。

文部省为了更加强调信息运用能力的重要性，在 1988 年修改了物理教学大纲，并将与计算机学习有关的内容加入到初、高中教学中。之后，文部省在 1989年的 3 月，对教学大纲进行了修改，要求教育从小学阶段就进行信息技术教育。文部省在同年四月，明确了"现行学习指导要领"规定，明确开展信息教育，主要以计算机的有关内容为核心。

日本文部省在 20 世纪 90 年代初，计划实施九年行动计划，计划为所有学校提供多媒体硬件和软件，并为教师提供培训，让他们能在教学中使用多媒体技术，以实现在教育领域应用先进技术。文部省于 1991 年 7 月发布了《信息教育指南》，在该文件中，明确指出了信息运用能力主要包含的四个方面的内容，具体如下：

（1）判断、选择、整理并处理信息的能力，以及创造信息的能力和传递信息的能力；

（2）理解信息社会的特征以及信息技术对社会和人类的影响；

（3）认识信息的重要性，具备维护信息的责任感；

（4）熟练掌握信息科学的基本知识与计算机等信息手段的特性并能熟练操作。

日本中央教育审议会在 1996 年发布了一份名为《展望 21 世纪我国教育》的咨询报告，报告重点阐述了通过应用信息技术，借助通信网络改进教学质量的必要性与重要性，呼吁系统地推行信息教育，重新定义并加强"信息运用能力"的培养。在这份报告中，"信息运用能力"指能够积极运用信息和信息设备，实现对信息体系的积极创新的一种基本素质，此外，报告中还指出了信息教育包括三个目标，具体如下：

（1）在信息运用上培养实践能力；

（2）具备理解一定信息科学的能力；

（3）培养积极参与信息社会的态度。

日本中央教育审议会在 1997 年 11 月发布了一份文件，名为《关于改善教育课程基准的基本方向》的文件。这份文件指出，日本的小学到高中都应该开始开设信息课程。在这份文件中，提到特别需要加强计算机知识和网络技能的培养。当然，不同级别的学校设立了不同的课程和要求，以培养学生的信息应用能力。在小学阶段，开设"综合学习时间"，这是学校的正式教育课程。它的宗旨在于通过跨学科、综合性的学习活动，让儿童在轻松愉快的环境中培养其发现问题、解决问题的能力，并掌握一系列信息收集的方法、调查及综合归纳的方式和手段，以及报告和讨论交流等的方法。在初中阶段，将现在实行的"信息基础"从选修课转变为必修课程。在高中阶段设置专门的"信息"课，此课程主要包含三门科目——信息 A、信息 B 和信息 C。这三门科目都有自己的侧重点。信息 A 主要强调对学生基本技能的培养，让学生可以熟练使用计算机在网上进行信息的选择、处理以及发送信息的能力；信息 B 专注于揭示计算机的不同功能及其构成；信息 C 则强调了在社会中计算机网络的应用及其效果。与此同时，文部省还明确提出，到 2001 年所有的初高中以及特殊教育学校以及到 2003 年所有的小学都实行网络化，为学生构建一个信息通信环境以及信息活用的环境。1998 年，依托于高中普及信息教育的基础，在初中阶段确定了增加"信息技术"必修课的决定，并且明确要求各个阶段（小学、初中、高中）都应该积极使用信息技术手段进行教育教学活动。

日本政府于 1999 年 12 月通过了《教育信息化实施计划》。按照该计划，到 2005 年，在所有的科目上，日本全国中小学应逐步推行计算机及因特网教学，以实现"三个根本转变"，即针对学生学习方式、教师授课方式及学校管理方式的全方位改革。同时在该计划中还对相应的政策以及措施进行了规定。

之后，日本邮政省和文部省计划合作，创建和编写新的电子教材以适应学校教育要求。日本文部省在 2008 年，对学习指导要领进行了修订，修改了高中信息学科，在 2013 年预计实施新的学习指导要领。在新的学习指导要领中修改了高中信息学科必修科目——"信息 A""信息 B""信息 C"，修改为"社会与信息""信息科学"，学生可以在这两个中间选择一个进行学习。

"社会与信息"的修改事项：

（1）重视开展恰当运用信息设备和信息通信网络开展收集、分析、表现信息和有效的交流的学习活动。

（2）加强对信息特征的理解，注重理解和认识信息化对于社会当前以及之后的影响，保证提高学生信息伦理道德方面的学习活动。

"信息科学"的修改事项：

（1）以解决问题为目的有效运用信息和信息技术的学习活动及掌握一些科学的思考方法的学习活动。

（2）重视对支撑信息社会的信息技术的作用和影响的理解以及与信息伦理道德有关的学习活动。

在日本，在培养信息应用能力方面，不同级别的学校有着不同的分工。在小学阶段，主要是将计算机和其他信息技术作为教学工具，让学生在教学中接触和了解信息技术，并让他们保持对计算机的积极态度。在初中阶段，在教学中，教师通过对计算机的各种特性的运用，让学生可以对计算机有深刻的理解，并且学会使用计算机。在高中阶段，设置信息技术教学的目的在于让学生对社会的发展中信息化的影响以及计算机对个人以及社会的影响，并为此设置了与计算机相关的选修课程。

越来越多的人开始重视信息技术在社会中扮演的角色，同时在中小学教育中广泛使用的趋势也日益明显。在全球范围内，各国信息技术的发展速度和应用形态存在着明显差异。这与不同国家的不同教育制度、教育理念、文化背景等因素息息相关。然而，越来越多的人在日常生活中借助计算机技术等信息技术来获取信息、处理信息以及储存信息，这已经成为当前社会中共同的发展趋势。与此同时，相关内容逐渐形成了单独的学科，并在中小学生的学习中逐步得到应用。

二、 我国信息技术课程发展回顾

(一) 第一阶段 (1982—1990)：起步阶段

在全球范围内，从 20 世纪 80 年代开始，信息技术以计算机科学为核心，使全球迎来了一股新的技术革命浪潮。我国为了应对世界新技术革命的挑战，自 1982 年起开始实施中小学计算机教育实践。

教育部在 1981 年派遣代表团到瑞士洛桑参加了第三届世界计算机教育应用大会 (WCCE)，该会由联合国教科文组织与世界信息处理联合会联合举办。教育部在当前世界中小学计算机教育发展的要求基础上，在听取了参会的专家意见前提下，决定在 1982 年开设 BASIC 语言选修课，主要是在 5 所大学 (北京大学、清华大学、北京师范大学、复旦大学、华东师范大学) 的附中进行试点，这一决定成为我国中小学计算机教育和计算机课程发展的新起点。

在先期 5 所试点中学开设计算机课程后，又有一些中学加入了学校的计算机教育的队伍之中，到 1982 年底，已经有 19 所中学正式开展了计算机教育的活动。教育部在 1983 年主持召开了"全国中学计算机试验工作会议"，制定了计算机选修课的教学大纲，规定了相应的教学目标和内容。1985 年我国组织了第一个包括中学教师参加的计算机教育考察团，赴美参加第四届世界计算机教育应用大会，对很多美国的中小学的计算机教育情况进行了考察。1986 年，教育部在福州召开了"第三次全国中学计算机教育工作会议"，决定成立国家教委全国中小学计算机教育研究中心（该中心于 1987 年正式成立，分北京研究部和上海研究部）。同时，此次会议制定了发展我国中学计算机教育的指导方针，并依托于1983 年制定的教学大纲，将部分计算机应用软件的相关内容纳入其中。

在 1984 年至 1986 年这三年期间，开设计算机课程的学校从 1982 年的 19 所增加到了 3319 所。此时，全国的中学装配计算机台数也由之前的 150 台拓展到33 950 台。同时，教师中从事计算机教育的人数也从最初的 20 人增加到了 6300人。在此期间，教育部还成立了全国中小学计算机教育研究中心的前身——"全国中学计算机教育试验中心"，颁发了《中学电子计算机选修课教学纲要》，等等。这一系列组织和政策措施大大推动了我国计算机教育和计算机课程的发展，至 1990 年，我国中小学计算机教育发展情况又在 1986 年基础上整体上翻了一番。

当时，在我国一些在计算机教育领域中的专家和学者深受"程序设计是人类第二文化"和"程序设计可以有助于培养和发展学生解决问题的能力"的观点影响。长期以来，计算机教育领域的专家和学者认为计算机课程的核心内容为学习程序设计语言，并且认为学生通过学习算法可以培养和提升其自身解决实际问题的能力和水平。此外，他们认为获得这种问题解决能力的唯一途径是学习计算机程序设计方法、程序设计语言。在某些方面，他们认为，学生拥有算法解决问题的能力相对于数值计算的能力更为重要。对此，在这些专家的观点中，非常强调在基础教育中，让学生学习程序设计语言和程序设计方法，认为这是迎接信息化社会挑战、实现人的全面发展所必须的，他们认为不应该削弱这方面的教育，反而应该加强。

（二）第二阶段（1991—1999）：逐步发展阶段

从 1991 年到 1999 年这九年期间，信息技术得到了不断发展和进步。在这一时期，对中小学计算机教育，社会各界的认知和关注程度远高于之前的时期。

第四次全国中小学计算机教育工作会议于 1991 年 10 月在山东济南召开，由教育部主办。这次会议是在充分借鉴我国过去 10 年开展信息技术教育经验的基础和前提下召开的。这个时候，不管是教育管理部门还是很多的一线教师都普遍充满自信，同时对于信息技术的教育也有着深刻的和独特的认识。柳斌作为国家教委副主席在会议上发表了题为《积极稳步地发展中小学计算机教育》的报告演讲。据报告可知，我国决心发展计算机教育，从宏观角度提高思想意识、加强领导和规划，并确定了我国中小学计算机教育的发展方针。同时，报告认为在中小学，计算机的普及和提高是一项长期性的历史任务，不同的地区有所不同，各地应该因地制宜、积极进取、立足于实践，逐步加快和扩大计算机教育的速度和规模，并向各级党委、政府和各级教育行政部门具体提出了办实事的要求。

在此次的济南会议召开之后，各个地方纷纷出台了与计算机教育有关的系列措施。我国教育部在 1992 年的 2 月将原本名为"全国中学计算机教育试验中心"的机构改名为"全国中小学计算机教育研究中心"，并且对机构的性质进行了明确，规定该中心为基教司领导下的计算机教育研究机构。对于该机构的更名，也从侧面表明，我国的信息技术教育从之前的实验尝试为核心的试点阶段转为以研究与实践为主题的发展阶段。这也成为我国的信息技术教育不断进行转型的重要标志，为在小学阶段引入计算机教育开启了新篇章。

教育部在 1992 年 7 月，发布了《关于加强中小学计算机教育的几点意见》，并在 8 月成立了一个小组，由柳斌担任组长，名为"全国中小学计算机教育领导小组"。该小组详细规划了我国在 20 世纪 90 年代计算机教育方面的发展蓝图，包括规划的制定、投入经费、培养师资队伍、建设教材、选购硬件设备、开发和管理教学软件等方面的具体措施。

全国中小学计算机教育研究中心根据第四次全国中小学计算机教育工作会议所传达的精神，制定并颁布了《中小学计算机课程指导纲要（试行）》，并且在 1994 年 10 月由国家教委基础教育司正式下发。在《中小学计算机课程指导纲要（试行）》中，明确规定了中小学计算机课程的地位、性质，详细论述了中小学计算机课程的目的和内容，并且在纲要中第一次明确提出了计算机课程在之后的发展中尤其在中小学中会逐渐成为一门独立的、基础性的、知识性与技能性相结合的学科观点。这种观点与认知与当时的社会发展背景是吻合的，同时还对我国在信息技术教育方面积极表达了经验积累的价值与认识的重要性。基于征求意见的结果，1997 年 10 月 15 日，国家教委办公厅正式发布了《中小学计算机课程指导纲要（修订稿）》（下文简称"修订稿"），并在 1998 年秋季正式实施。

对于中小学计算机课程中的目的、地位以及相关的教学内容、教学方法、教学要求等，"修订稿"进行了进一步的明确规定，其中有如下规定：

小学计算机教学的重点应放在培养学生计算机的基本知识、基本操作技能和益智性教育软件方面。在小学阶段，对于计算机学科本身的教学内容以及课时都不应该太多，保持适度，一般来说为 30～60 课时。在课时可以增加的情况下，将教学的重点放在计算机辅助教学和计算机应用方面，以帮助学生掌握信息技术技能。一般来说，在小学四、五年级的课程设置中增加计算机课程的内容。

在初中阶段，对于计算机课的教学主要是进行计算机基础知识的教学、技能性训练、操作系统教学、文字处理教学或图形信息处理方面的教学，一般来说是 60 个课时，一般开设年级为初一或初二年级。

在小学阶段以及初中阶段程序设计语言最好不要当作教学的内容，如果要进行 LOGO 语言教学的开展应该先培养学生的学习兴趣和能力，借助绘图、音乐等功能实现兴趣教学。

在高中阶段，计算机课程主要以常用的工具软件的操作为主，主要包含文字处理、操作系统、电子表格、数据库等。对于程序的设计，可以成为部分学校或者是部分学生的选修课程，通常来说，不会多于 60 个课时，开设年纪一般为高一或高二年级。因为中学阶段学习计算机的起点因地区、学校和学生而异，所以初中和高中的教学内容有一定的重叠和重复，很难进行明确分开，这种情况在相当长的一段时间都存在。

鉴于我国经济方面存在发展不平衡的情况，在教育领域的发展程度也不均衡，我们在对中小学计算机课程的内容进行设置实施，需要保证一定的层次性和灵活性。"修订稿"中规定的教学内容所采用的方法依旧为"以模块为主，兼顾层次"，各地要立足于自身实际情况，根据自身的教学资源和教学设施等条件选择不同的模块和不同的层次来进行信息技术教育教学。

需要指出的是，在这个阶段，还提出了"把计算机整合到课程中"的观点，认为应该将计算机辅助教学和课程设计进行综合考虑，将它们视为一个整体。其目的是通过学科课程有机地实现信息技术和学科教学的结合，促进信息技术和学科教学的相互促进与相互融合，在改变传统的教学模式时将技术作为一种工具，来不断提高教学效率和改善教学效果。

中共中央、国务院在 1999 年 6 月 13 日在《关于深化教育改革全面推进素质教育的决定》（中发〔1999〕9 号）中提出，应高度重视培养学生信息搜集能力和信息处理的能力，并推动计算机操作和信息技术教育在高中和有条件的初中、小学进行普及。对于信息技术来说，根据《全日制普通高级中学课程设置及其说明（试验·修订稿）》（教育部办公厅教基厅函〔1999〕6 号附件）的规定，已成为必修课程之一，并要求各地为了促进信息技术教育的发展，积极创造条件，对于此项信息技术教育要认真开展。在 1999 年 11 月 9 日，教育部制定了普通高中新课程方案，其中信息技术被纳入技术领域处于必修课程的计划中。随后，中华人民共和国教育部基础教育司于 1999 年 11 月 26 日发出一份通知，即《关于征求对〈关于加快中小学信息技术课程建设的指导意见（草案）〉修改意见的通知》。这标志着在国家文本层面上，首次明确提出信息技术课程（教育），开启了计算机课程逐渐向信息技术课程转型的过程。

在 20 世纪的最后十年，计算机学科教育、计算机辅助教学和辅助管理都得到了显著的发展，不断走向成熟，这也为 21 世纪初信息技术教育全面发展时期的到来奠定了基础。此外在开设信息技术课程的过程中必然会遇到一些问题，比如对信息技术课程的教学内容、教学目标、教学方法、教学对象等出现了认识上的困境。在我国，只有在对中国的信息技术教育的实际问题的解决过程中才能促进中小学信息技术课程的发展和进步。

（三）第三阶段（2000 年至今）：全面发展阶段

我国信息技术教育进入 21 世纪获得了蓬勃发展，通过信息化手段推动教育的现代化发展，使得在新时期，基础教育实现了跨越式发展。我们可以从我国进入 21 世纪以来，关于信息技术会议与发布的相关文件来对我国的信息技术教育的发展以及相关的状况进行了解。

中小学信息技术教育的发展迎来了一个重要的历史时刻是在 2000 年 10 月 25 日至 27 日在北京举办的全国中小学信息技术教育工作会议。自此，我国的中小学的信息技术教育进入了一个快速的发展时期，迈入了一个全新的发展阶段。不管是在信息技术课程领域，还是在信息技术与课程整合领域或者是网络学习等领域都发生了翻天覆地的变化。

教育部于 2001 年 6 月公布了《基础教育课程改革纲要（试行）》，该纲要要求"从小学至高中设置综合实践活动并作为必修课程，其内容主要包括：信息技术教育、研究性学习、社区服务与社会实践以及劳动与技术教育。"

自 2001 年下半年起，教育部就开始制定普通高中课程标准，并逐渐确认将信息技术分出，将其列为独立学分科目。教育部在 2003 年 1 月 6 日通过了审议，即《普通高中技术课程标准（实验稿）》（信息技术部分）（以下称高中信息技术课程标准），之后于 3 月 31 日发布，并在 2004 年的下半年对此进行了重新修订，这也标志着我国的信息技术教育迈入了一个新的发展阶段。

我国自 2000 年开始，全国举办了多次关于信息技术教育的大型研讨会。举办了很多高水平的、面向世界的、有着国际影响力的学术研讨会，比如"2001 年中小学信息技术教育国际研讨会""中国教育技术协会信息技术教育专业委员会年会""第六届全球华人计算机教育应用大会"等。不仅如此，我国还会定期举办一些会议，形成制定化的会议，比如全国中小学信息技术教育研讨会、中国教育学会中小学计算机教育专业委员会年会、全国中小学基于网络环境的教与学暨高中研究性学习研讨会等。以上会议的定期召开，充分说明了，当前信息技术教育正在逐渐朝着规范化、成熟化的方向发展。

尽管我国的信息技术课程正在蓬勃发展，但与当今信息技术应用的发展水平和当前的经济建设的需求相比，仍有着非常大的差距。特别是中小学信息技术教育，远不能适应对新型人才培养的要求。其中较为突出的问题主要有信息技术课程地位的落实问题，虽然国家三令五申，并且专门召开会议，又列出了开设信息技术课程的具体时间表，但还有相当多的地区没有落实；已开设信息技术课程的学校中，依旧存在着很多的学校保留着 20 世纪 80 年代中后期的计算机普及知识，跟不上当今社会应用的步伐，存在严重脱节的问题。有的学校的学习设备比较落后，专业教师奇缺，信息技术课程的教学不够系统和规范，呈现出自发性、盲目性的特点，不仅如此，教师对于课程的目的、课程的任务、课程的内容没有一致的、明确的认识和要求。有甚者随着信息技术的发展，对以上这些问题的认识并没有越来越清晰，反而越来越迷茫。不仅如此，在对教学过程的把握方面，也没有进行深入的理论研究。

三、 我国信息技术课程理念的发展

（一） 第一阶段

第一阶段时间是从 20 世纪 70 年代末到 80 年代初，这一阶段主要是受到"计算机文化论"的影响。当时标志性的口号是"程序设计是第二文化"，这是伊尔肖夫于 1981 年 8 月在瑞士洛桑举行的第三届世界计算机教育应用大会上所作的著名报告《程序设计——人类的第二文化》中提到的。伊尔肖夫指出，科学上的发现、社会组织工作、人们的日常生活与学习都按照一定的过程进行，都是一种有序的生活，善于还是不善于编排与执行自己工作、生活与学习的程序是人们能不能有效地完成各种任务与能否得到一种有条理的生活的关键。他提出，现代人除了具备传统读写算的意识与能力这些文化知识以外，还应该具有一种可以与之相比拟的程序设计意识与能力，也就是说具有第二种文化——程序设计文化，而教授计算机程序设计可以帮助人们从小培育一种程序设计意识与能力。

这一阶段，信息技术（这里主要是指计算机技术）尚处于发展初期，属于精英技术，建立在精英技术之上的信息文化也只能属于精英文化，因而势单力薄，影响范围极小。这意味着"程序设计是第二文化"的倡导并非信息文化已然发展到一定程度对教育或课程的必然要求，更多的是一种基于对计算机技术状态的敏感以及对计算机未来发展的设想提前进行的准备，对未来的预料及估计水平不可避免地会影响到对技术、文化的认识从而影响到对课程的认识及定位。由于准备是围绕人脑与计算机工作原理的相通性展开的，所以当时的计算机课程目标被定位在了解计算机基本工作原理以及培养逻辑思维能力上，能够实现目标的课程内容自然圈定在程序设计的范围之内，在我国由于受到师资、设施等条件的

限制，教学的主要内容只能是 basic 语言。

（二）第二阶段

第二阶段时间是从 20 世纪 80 年代中后期到 90 年代。1985 年国家教委派代表参加了在美国弗吉尼亚召开的第四届世界计算机教育大会，在这次会议上，许多专家提出：中小学计算机课程应该从以程序设计语言为主转向把计算机作为一种工具，即以计算机应用为主，这就是"计算机工具论"的提出。

信息技术快速发展逐渐趋向大众化，影响范围已经逐渐扩大，尤其是计算机应用市场上专门化应用软件的面市及日趋增多，使人们深切感受到计算机被普遍应用的可能。于是人们开始重新审视计算机的定位及计算机课程的教学内容。持"工具论"观点的人认为，计算机只不过是现代社会中的信息处理、信息传播的工具，只要能操作、会应用就行了。也就是说，计算机教育应该以培养学生熟练使用计算机，并将其作为解决问题的工具为主要目标，即应该使学生有一种使用信息工具来帮助自己进行脑力劳动的意识，同时应该培养学生使用这些工具来解决学习与生活中的各种问题。

继"计算机文化论"之后，"计算机工具论"是对课程文化意义认识的一次升华，它对学以致用的倡导，能够激发学生学习动机和掌握技能的积极性，在推动计算机课程方面起到了积极作用，是课程发展和促进课程认识的一个重要阶段。当然，由于当时信息文化辐射形成张力的不足导致人们对计算机课程认识的褊狭，定位至工具上也在所难免。

（三）第三阶段

第三阶段时间是从 20 世纪 90 年代初开始到 20 世纪末。到了 20 世纪 90 年代，随着多媒体与计算机网络技术的发展与广泛应用，以及校园网络的普及，"计算机文化"的说法又被重新提起。但是这时的"计算机文化"的内涵和 20 世纪 80 年代初相比已发生了很大的变化，例如有些人提出了多媒体文化、超媒体文化与网络文化等与"计算机文化"有所不同但又密切相关的新提法。尤其是 20 世纪 90 年代末网络文化的提出，更加促进了信息技术教育的发展。

费尔莫（Fillmore）在其论文《因特网：文化的最后与最好的希望》中指出：

"超媒体文化使得学习者超越了只是信息的接收器与处理器的情况，而成为多媒体内容的制作过程的参与者。学习者不再需要保持对于自己的体验与看法的沉默。利用新媒体，学生能够制作文章、说明、声音、视频图像等，并且参加不同的讨论论坛加入他们的进一步解释。"可以看到，"计算机文化"的观念逐渐向着信息技术的使用能力转变。

此外，还有一部分研究人员提出了"网络文化"的观念。他们认为，网络改变了人们获得信息与传播信息的手段，人们必须适应这种变化。未来的人们能不能应用网络技术，会成为人们有没有现代文化的区分点。当前世界各地大中小学校都在利用网络技术，开展网络教学和远距离教育等，进行教育教学改革。所有这些都说明，网络不仅是人们生活、学习的一种工具，更成为了人类的一种生存方式。人类的生存已经离不开计算机网络，网络已经具有了文化的含义，成为一种新的文化形式——网络文化。

（四）第四阶段

从20世纪末开始，信息技术与信息文化已经发展到稳定与繁荣的状态，信息文化成为社会主流文化类型，这种文化需要有专门的课程来反映其影响、体现其内涵和价值，这门课程就是信息技术课程。对应于以往的"计算机文化论"和"计算机工具论"，"信息文化观"的思想得到了广泛的认同。

这一阶段，信息技术教育领域的一个热点就是"信息素养"，它引起了世界各国越来越广泛的重视，并逐渐被加入从小学到大学的教育目标与评价体系之中，成为评价人才综合素质的一项重要指标。围绕信息素养的讨论，也日益成为世界各国教育界乃至社会各界关注的重大理论与实践课题。

信息产业协会主席保罗·泽考斯基指出，信息素养包含以下诸多方面：

（1）传统文化素养的延续和拓展；

（2）使受教育者达到独立自学及终身学习的水平；

（3）对信息源及信息工具的了解及运用；

（4）必须拥有各种信息技能，如对需求的了解及确认，对所需文件或信息的确认、检索，对检索到的信息进行评估、组织及处理并做出决策。

此后，很多专家学者对于信息素养内容都提出了自己的见解，例如有学者认为信息素养的本质包括：

（1）信息意识情感，包括敢不敢使用信息技术来解决问题，以及遇到问题能不能想得到使用信息技术来帮助自己；

（2）信息伦理道德，包括应用信息技术时能不能遵循一定的伦理道德规范，以及利用信息技术对于人类社会好不好的问题；

（3）信息技术方面的基本知识，包括是否知道信息技术的原理、名词术语，是否了解其发展与作用；

（4）操作、利用与开发信息的能力，包括会不会与能不能利用信息技术、能不能获取自己所需要的信息、评价与分析所得到的信息以及开发与传播信息。

作为对人的内在品性要求的信息素养是信息文化发展至成熟期的产物，其核心是信息能力。信息文化与信息素养是同一事物的两面：信息文化产生和存在于个体之间的信息活动及相关产品之中，当前已经广泛附着于社会活动以及产品之上，其指向是向外的；当信息文化内化于人时就转变为个体的信息素养，成为个人素养的重要构成，其指向是内向的，个体信息素养的外化便表现为一种信息文化的活动或产品。

"信息文化观"阶段是对课程文化意义的再次升华，就目前而言，以培养信息素养作为课程目标是课程文化意义的充分彰显，但能否得到落实取决于课程建设的各个环节，尤其是课程实施。

从"计算机文化论"到"计算机工具论"再到当前"信息文化观"的更替符合课程发展的趋势与要求，这正是人类随着社会的发展而在认识上的不断提高，也反映了课程文化意义逐步走向成熟的过程。换句话说，随着时代的发展，学生不仅要掌握社会生活必备的信息技术知识与技能，更重要的是要具备良好的信息素养。

第二章 小学信息技术课程教学基础理论

本章主要论述小学信息技术课程教学基础理论，详细介绍了信息技术课程教学目标与内容以及信息技术课程教学特点与基本原则等两方面的内容，对小学信息技术课程有关教学理论作系统论述。

第一节 信息技术课程教学目标与内容

一、 小学信息技术课程教学目标的概念及其分类

教学目标（instructional objective）也称学习目标（learning objective），教学是促使学习者朝着学习目标所规定的方向产生变化的过程，因此，在教学设计中，教学是否可以按照预先设定的方向顺畅前进，是受学习目标的规范性、明确性以及具体性直接影响的。

（一）学习目标概述

1. 学习目标的含义

什么是学习目标？学习目标是一种准确的、具体的表述，这种表述是针对学习者通过教学以后应当表现出来的行为。学习目标是事先已经确定的、通过教学能够达到的、可以运用现有的技术手段来进行测量的教学结果。

2. 编写学习目标的意义

学习目标的编写工作是将一系列明确、具体的学习目标组织成一个层次分明的体系。这项工作的意义在于：

（1）有利于课程更加规范。教学活动的结果是通过学习目标来表现的，同时学习目标的层次性则规定了教学活动的大致进程，教师和学生明确学习目标体系后，有助于按照学习目标体系去管理和控制全部的教与学的过程，从而确保学生学习到的知识与目标所期望的结果是一致的。

（2）有利于教师的日常教学。明晰学习目标的益处有很多：第一，能够帮助教师以学习目标如何才可以达到这种特定的方式对问题进行思考，从而更好地对教学内容进行组织、编排；第二，学习目标可以为教师选择更加具有实际效用的教学策略提供具体的依据；第三，为编制习题和评价教学计划的有效性提供了依据；第四，编写目标自身可以促进教师对于教学有更加深入的思考，从而能够更好地提升自己的业务能力。

（3）有利于学生的日常学习。明确好学习的目标，能够使学习目标内化为学生自身的目标，从而使学生的学习动机得到激发；能够使学生对学习有更加明确的方向，使学习的过程能够更加顺利地发生，对于加强学生的自信心有很大帮助；还可以使学生自己评价自己的学习，对学习产生责任感。

（4）有利于沟通与交流。学习目标可以让教师知道自己的教学内容，学生可以知道自己的学习内容，家长可以知道学生在学习后可以做什么。因此，学习目标是老师、学生、家长及其他相关人员进行沟通交流的重要依据。

（二）学习目标的分类理论

在分析和确定学习目标时，为了避免目标的模糊性与抽象性，一般强调用行为术语来表述学习结果或描述学习者的变化，但这样做往往会使学习目标变得琐碎，难以把握。而对学习目标进行分类，不仅可以使琐碎的目标变得有序，防止目标分析中的疏漏与偏颇，还可以明确目标的类型，便于将目标与教学策略、教学评价协调一致。因此，要在教学实践中科学地确定和实施学习目标，除了了解学习目标的内涵、功能和意义外，还应了解学习目标分类理论。

明确提出学习目标分类课题的是美国教育家，早在 1920 年前后，鲍比特和查特斯就曾经试图通过对"成人社会"的"活动分析"来确定课程目标。后来，经过查特斯的学生泰勒和泰勒的学生布卢姆的发展，形成了完整的学习目标分类理论。《教育目标分类学》是布卢姆在 1956 年出版的著作，也是在这一年，他首先提出了认知领域的教育目标分类系统。1964 年，克拉斯沃尔等人发表了情感领域的教育目标分类系统。由于动作技能领域目标的复杂性及研究成果不太丰富，直至 1965 年和 1972 年，才由辛普森和哈罗分别提出了各自的动作技能领域目标分类提纲。此外，加涅的学习结果分类理论、梅瑞尔的学习目标分类理论都具有一定的代表性。本书主要介绍布卢姆的教育目标分类理论，在此基础上进一步介绍我国当前正在推行的新一轮基础教育课程改革提出的三维学习目标分类。

1. 布卢姆的教育目标分类理论

在布卢姆的推动下，教育目标分类研究已经成为教育理论研究的一个专门的领域，对指导当代学习目标设计影响深远。

布卢姆等人认为，教育目标可分为三大领域：认知领域（cognitive domain）、心智运动技能领域（psychomotor domain）和情感领域（affectivedomain）。布卢姆本人提出了认知目标的分类，心智运动技能和情感目标的分类是由克拉斯沃尔和辛普森等人分别于 1964 年和 1972 年提出的。其分类结果如表 2-1-1 所示。

表 2-1-1　布卢姆教育目标分类体系

分类	亚类目标及层级	说明	目标举例
认知领域	1. 知道；2. 领会；3. 运用；4. 分析；5. 综合；6. 评价	知识的结果	举例说明什么是信息认识 Word 窗口的主要工具栏
心智运动技能领域	1. 感知；2. 准备；3. 有指导的反应；4. 机械动作；5. 复杂的外显反应；6. 适应；7. 创新	涉及骨骼和肌肉的运用、发展和协调	运用一种中文输入法，通过键盘输入文字，中文输入速度达到每分钟 20 字以上
情感领域	1. 接受或注意；2. 反应；3. 价值判断；4. 组织化；5. 价值或价值体系的个性化	对外界刺激的肯定或否定的心理反应，如喜欢、厌恶等	体会信息技术给生活、学习带来的影响，感受信息技术的魅力

（1）认知领域目标分类

在教育的领域中，应用最为广泛的，便是认知领域目标分类。布卢姆将认知领域的教育目标分成以下六级。

第一，知道。何谓知道？知道是指对于之前学习过的知识材料的回忆。这种回忆包含了具体事实、理论、过程、方法等。"知道"是认知领域中最低水平的认知结果，它所要求的心理过程主要是记忆。

第二，领会。领会也可以称为领悟或者理解，是指能够把握知识材料意义的能力。领会是一种相对较低层次的、对于多种问题及不同材料进行处理的操作方式，已经超越了单纯的记忆，可分成三种——转换、解释与推断。转换指的是通过使用自己的话或者使用和之前不一样的表达方式来阐述自己的思想；解释是对一项信息加以说明或概述；推断是估计未来的趋势或者结果。

第三，运用。运用是指在较为具体的情境中来应用一些抽象的概念。这些抽象的概念涵盖了一般意义上的概念，概括化的方法，程序的规则，以及专门性的理论、原理与观念。运用代表着相对较高层次的理解，例如能够运用搜索引擎查找、下载所需图片和文字，并运用文字处理软件编辑一个文档，完成小组报告以呈现本组研究的过程、方法和结果。

第四，分析。分析指的是将一种传播内容——现象、事物或过程来进行分解，分解成构成部分、构成要素。这样可以更好地看清不同观念的有关层次，或者理清其表述的观念之间的相互关系。相比较而言，分析较运用的智能水平更高。分析可分为三种，即组织原则分析、关系分析以及要素分析。

第五，综合。综合指的是将多种要素、多种构成部分组合成一个整体，以构成更加清晰的结构或模式。综合更注重的是创造的能力，其内容主要包括三个方面：对计划、操作步骤进行制订；进行独特的交流；推导出一套抽象关系。

第六，评价。评价指的是为了一定的目的，对某些观念和方法等进行判断。评价是最高水平的认知学习结果，包含根据内部准则判断和依据外部准则判断两方面的内容。

例如，我们以搜索引擎为例，按照上述六级层次来设定学习目标，如表2-1-2所示。

表 2-1-2　认知领域目标举例

目标层级	目标举例
知道	能说出常用搜索引擎的优缺点
理解	能解释搜索引擎的功能
运用	能够利用关键词等搜索技巧进行检索
分析	能找出搜索不理想的原因
综合	能够根据搜索需求，选择适合的搜索引擎和搜索策略
评价	能够判断一个人的搜索策略是否有效

（2）心智运动技能领域目标分类

心智运动技能，包含了骨骼与肌肉的运用、协调以及发展。在很多科目中，例如体育课、实验课、职业培训等，心智运动技能是其非常常见的学习目标。

心智运动技能领域的教育目标分类有多种分类法，目前尚无公认的最好分类。这里仅介绍一种容易理解的，即辛普森等人于 1972 年提出的分类系统，以便在编写学习目标时加以运用。

辛普森等人将心智运动技能目标分成下面所列的七级，这是目前应用较广泛的一种分类体系。

感知是指运动感官获得信息以指导动作，主要是了解某种动作技能的知识、性质、功效等。

准备，指的是对于固定动作的准备，包含了心理定向、生理定向以及情绪准备。感知是其先决条件，我国有学者把感知和准备阶段统称为动作技能学习的认知阶段。

有指导的反应是指复杂的心智运动技能学习的早期阶段，包括模仿和尝试错误。通过教师的评价或者一套合适的标准能够对操作的适当性进行判断。

机械动作，指的是学习者的反应已成为习惯并且能够以熟练、自信的水平来完成的动作。在机械动作阶段，学习者的学习结果涉及多种形式的操作技能，但是动作模式并没有那么复杂。

外显反应，指的是涵盖了复杂动作模式的熟练操作。操作的熟练性以精确、迅速、连贯协调和轻松稳定为指标。

适应，指的是技能方面的高度发展水平。即学习者可以通过修正自己的动作模式来适应相对特殊的设施或满足具体情境的需要。

创新是指创造新的动作模式以适合具体情境，以高度发展的技能为基础才能进行创新。

（3）情感领域目标分类

情感，是人类对于客观事物所持态度的一种反映。

情感的表现，是对外界刺激的肯定或者否定，例如喜欢、厌恶等。而情感的学习，则是教育十分重要的一个方面。因为它不仅与态度的形成、改变有关，而且还与提高鉴赏的能力有关，与更新价值观念等有关。同时，认知的发展、动作技能的形成，也受到情感的学习所影响。

1964 年，克拉斯沃尔等人按照价值的内化程度，把情感领域的学习目标从低到高分成了五级，下文进行主要介绍。

第一，接受或注意。接受或注意是指学生能够感受到某些现象、刺激的真实存在，并且其愿意接受、注意这些现象、刺激。根据以往的经验来看，学生对于任意一种情境均能够产生某种心向，而这种心向会促进或阻碍其再认那些现象。接受或注意是一种低级的价值内化水平，主要包括三个方面的内容：觉察、愿意接受、有控制或者有选择的注意。

第二，反应。反应指的是学生不仅注意到某种现象，同时用某种方式对现象进行了反应，有三种分类，即默认的反应、愿意的反应、满意的反应。

第三，价值判断。价值判断也可以叫作价值化，其指的是学生能够将特殊的对象、行为或者现象与一定的价值标准进行联系。价值判断涵盖了三方面的内容，即信奉、对某一价值的偏好、价值的接受。

第四，组织化。组织化指的是学生可以将很多不一样的价值标准进行组合，克服掉这些价值标准之间存在着的冲突或者矛盾，同时，开始建立起内在同一的价值体系。

第五，价值（或价值体系）的个性化。价值（或价值体系）指的是学生因为有较长时间段控制自己的行为，以致于使性格化"生活方式"的价值体系得以发展。

例如，我们以信息技术中知识产权的相关教学内容为例，根据上述的分类来确定情感目标，如表 2-1-3 所示。

表 2-1-3　情感领域目标举例

目标层级	目标举例
接受或注意	认真听讲知识产权相关内容
反应	参与关于知识产权的讨论、做作业
价值判断	对盗取版权的现象进行批评
组织化	计算机中盗版软件的处理
价值或价值体系的个性化	形成稳定的版权保护意识

通过了解上述的分类，我们可以得出，关于情感或者是态度的教学，其实是一个过程，在这个过程中，价值标准是不断内化的。

从一方面来看，教科书上所介绍的价值标准，或者是教师们所讲述的价值标准，对于学生而言，是外来的。学生需要经历一个接受、反应、评价等连续内化的过程，才可以将这些价值体系更好地转化成自己所信奉的内在价值。从另一方面来看，情感或者是态度的教学，并不仅仅是思想品德课、政治课的课程任务，同时其他各个学科也都涵盖着这一方面的任务。

2. 基础教育课程改革的三维目标

为了提升我国的综合国力和人才培养质量，进入 21 世纪以来，我国全面推行以素质教育为目的的新一轮基础教育课程改革。

《国务院关于基础教育改革与发展的决定》大力推进基础教育课程改革，调整和改革基础教育的课程体系、结构、内容，构建符合素质教育要求的新的基础教育课程体系。教育部颁布的《基础教育课程改革纲要（试行）》是基础教育课程改革的指导性文件，它的颁布与实施，对我国基础教育领域推进素质教育产生了重要、积极的作用。

《基础教育课程改革纲要（试行）》明确指出，"应体现国家对不同阶段的学生在知识与技能、过程与方法、情感态度与价值观等方面的基本要求"。而此处的"知识与技能、过程与方法、情感态度与价值观"即我们常说的"三维目标"。虽然这与大家公认的"认知""心智运动技能"和"情感"三类目标分类有所不同，但是三维目标不仅包含了上述三类目标分类，而且还特意将"过程与方法"单独提出来作为三维目标中的一项，这和联合国教科文组织编写的《教育——财富蕴藏其中》的第一大支柱——"学会认知"的思想是一致的。

（1）三维目标的内涵

第一维目标"知识与技能"指的是人类生存所必不可少的核心知识内容与基本的技能，这也是我国基础教育界长期以来所强调的"双基"。

第二维目标"过程与方法"中，"过程"指的是应答性学习环境与交往体验；"方法"指的是基本的学习方式以及基本的生活方式。具体来说，是让学生能够对于学科知识的形成过程有一定了解，使学生能够亲身地经历探索知识、研究知识的过程，从而能够真正地学会一些方法，即如何发现问题、如何思考问题以及如何解决问题。与此同时，能够形成良好的创新精神、实践能力等。

第三维目标"情感态度与价值观"则指的是学习态度、学习兴趣、人生态度、个人价值和社会价值的统一。"情感态度与价值观"的目的，是使学生能够形成积极向上的学习态度、健康向上的人生态度，促使学生能够拥有正确的世界观、人生观、价值观，使他们能够成长为拥有社会责任感、使命感的公民。通俗地讲，"知识与技能""过程与方法""情感态度与价值观"分别表达的是"学会""会学""乐学"的含义，这三者之间互相联系、互相渗透、密不可分。

（2）信息技术课程中的三维目标内涵

知识与技能目标强调的是学生对"信息技术"概念的理解与常用信息技术工具的应用，旨在培养学生初步形成自主学习能力与适应发展变化的能力。要让学生理解运用信息技术能力的重要性，以及未来对信息技术运用能力要求在不断提高。从某种意义上讲，其根本目的是促进学生的一般发展和整体发展。

要让学生能够把握好"信息"和"信息技术"涵义的本质,对于信息技术的基本原理能够做到真正地理解,同时,灵活地运用信息获取、处理、管理、表达、沟通的基本技能,引导学生关注信息领域的技术革新及其给社会带来的影响,并对发生在自己身边的变化进行评价,发掘信息技术应用价值,形成能够自主学习、持续发展的基本能力。

过程与方法目标并不是简单地让学生知道,完成某个任务需要哪几步,需要哪些方法,而是强调让学生参与到信息处理和信息交流的具体过程中,体验该过程与方法,并把对过程的参与和方法的运用内化为解决实际问题的能力。因此,在教学过程中,除了要知道做什么、怎么做之外,还要让学生理解为什么要这样做。让学生在技术工具操作与使用的过程当中,培养技术工具操作和使用的能力,在运用技术工具解决实际问题的过程中,掌握解决问题的方法,全面达成课程目标。

情感态度与价值观是从个人内在素养的角度考察信息技术课程学习的,信息技术的文化价值、信息技术与社会发展、信息社会中的伦理道德与法律法规等内容绝对不容忽视,并且要通过恰当的学习方法将之融合在过程中,使学生充分理解、内化。

(3) 三维目标分类与布卢姆的教育目标分类的关系

三维目标是我国基础教育新一轮课程改革提出的要求,目的在于培养学生终身学习的能力和符合我国国情的伦理道德与价值观体系,整体提升我国的国民素质,尤其是创新精神和实践能力。三维目标符合我国当前教育发展的实际情况。

目前,得到大家普遍认同的认知领域、心智运动技能领域和情感领域的教育目标分类的意义在于对目标编写、教学策略设计、教学材料开发和教学评价具有重要指导意义。那么,如何处理三维目标分类与布卢姆的教育目标分类的关系呢?

事实上,知识与技能、过程与方法和情感态度与价值观三维目标中的任何一个都可能和目标分类中的任何一类有紧密关系。

"知识与技能"指的是学生应掌握的基础知识和基本技能,即我们常说的"双基"。这也是我国基础教育的优势,以下是"知识与技能"目标实例。

①学生能够熟练使用用户名和密码登录论坛。

②了解"博客"的概念，会在"中国少年雏鹰网"上建立自己的个人博客。

③小学四年级学生在文字处理器中输入报纸上的新闻，每分钟输入汉字数量不少于 60 个。

按照教育目标分类理论，目标①属于认知领域中的"运用"层次目标，目标②属于认知领域中的"知道"和"运用"层次目标，目标③属于心智运动技能领域中的"技能动作"目标。不过目标②中用词有些含糊不清，不妨修改成"能为'博客'下定义，会在'中国少年雏鹰网'上建立自己的个人博客"。

设置"过程与方法"的目的是让学生能够对于学科知识形成的过程有一定了解，使学生可以亲历探究知识内容的整个过程，真正学会如何发现问题、如何思考问题以及如何解决问题，与此同时，形成创新精神与实践能力等，避免出现"高分低能""毕业即待业"等问题。以下是"过程与方法"目标实例。

①能够运用搜索引擎解决自己在学习中、生活中遇到的问题。

②能够使用 QQ 兴趣组分类功能在网上交到三个志同道合的同龄人朋友。

③能够使用 PowerPoint 软件制作一个演示文档，汇报小组任务完成的过程与结论。

目标①、②、③都属于认知领域中的运用层次目标。

"情感态度与价值观"目标基本与情感领域学习目标相互对应，指的是学习态度、学习兴趣、人生态度、个人价值与社会价值的统一。以下是"情感态度与价值观"目标实例。

①通过使用 PowerPoint 软件制作演示文档并做小组汇报，体会 PowerPoint 在辅助讲演中的重要作用，收获成功的喜悦。

②通过向 PowerPoint 演示文档中插入视频文件，并简单剪辑、控制播放，进一步认识到 PowerPoint 软件的强大功能。

目标①和②的前半部分都属于认知领域的"运用"层次目标；后半部分属于情感领域的"评价"层次目标。

需要提醒的是，情感态度与价值观一般是指人的感受、选择倾向和价值判断，往往是人的内部心理状态。因此，我们在编写情感态度与价值观目标时，应先找出能够代表这一情感态度与价值观目标的外显行为，然后根据该行为的目标分类所属选择适当的用词。

二、 小学阶段信息技术教育的教学内容

（一） 形成运用计算机处理信息的基本能力

（1） 能识别计算机的外观和常用输入设备（如鼠标、键盘）、输出设备（如监视器、打印机）及其他常用外接设备（如音箱、耳机、话筒等）；能通过动手组装或观看组装示范，探究计算机的基本构成，认识计算机不同部件的基本功能。

（2） 通过打字任务或简单的游戏，熟悉计算机的基本操作，熟悉操作常用输入、输出设备。

（3） 能在实际操作的基础上，总结利用计算机输入、存储、加工、输出信息的基本流程。

（4） 借助自己获取、加工信息的经验，体验计算机在处理信息方面的优势，知道计算机是现代信息技术的核心。

（二） 养成信息意识和健康负责的信息技术使用习惯

（1） 将学习经验与生活经验相融合，充分地体验信息在日常的学习、生活中发挥的重要作用，逐渐形成对于信息价值的理性认识（理念先行），对于价值信息的敏捷捕捉（选择性注意），获取有关信息更加积极主动（有目的的任务驱动），对于正确的信息内容能够做到准确甄别与筛选（针对性、准确性、价值高低），对于有利信息所具有的良好信息意识能够进行交流与共享，从而循序渐进地形成应用健康信息、主动抵触不良信息的判断能力。

（2） 其实，在我们的身边，就存在着很多的事例，我们可以通过观察这些事例，或者观看一些案例，来体验现代信息技术在各个方面——获取、处理、储存、表达、信息沟通等作用。对于信息技术作为人类信息加工器官的延伸有一定理解，对于人类发明创造信息技术的基本历程进行讨论。最终能够形成积极向上的信息技术学习态度——乐于学习、勤于操作、敢于创新，树立起持续提

升自身信息素养的意识，完成培养实际操作能力、主动参加科技创新的目标要求。

（3）对于学科学习、日常生活以及其他综合实践活动中信息技术的相关应用进行观察与列举，对于这些技术应用所带来的利处或者弊端展开讨论。

（4）能讨论应用信息、信息产品、信息技术设备和软件时涉及的法律法规和道德问题，能描述不恰当应用带来的后果；知道如何负责地使用技术设备和信息资料，在引用他人的观点、成果和信息时，知道如何注明出处和给予恰当的致谢；养成保护自己信息安全的意识，学会防查杀病毒、简单的文件加密（如设置使用口令）等信息保护方法。

（三）学会利用信息技术工具收集和处理信息，解决日常问题

（1）可以依据学科学习或者其他活动的需要，对于所需的信息及其类型进行研究，明确恰当的信息来源（例如报纸、书刊、电视、光盘、录像、互联网等），学会从多种信息来源中完成对资料进行搜集（例如实验、调查、访谈等）。同时，还要对信息搜集的过程有必要的规划，对于信息需求分析的意识与习惯有初步的养成。

（2）一方面，学会应用常用的设备（例如扫描仪、数码相机、录像机等），通过这些设备来获取第一手的信息。另一方面，对于传统介质的信息进行必要的数字化转换也可以通过利用常见信息技术设备来完成。

（3）学会利用计算机输入和存储资料；学会利用计算机的资源管理功能对文件资料进行合理的分类整理、建立以及重命名文件（夹）、保存文件等，能迅速查找和提取自己计算机内存储的信息；通过比较和实际体验，感受信息进行数字化编码、存储和管理的优势，认识到数字化是信息技术的核心概念之一。

（4）可以熟练有效地运用远程通信工具和在线资源（如 E-mail、因特网等），浏览、查找、下载和保存远程信息，用来满足自主学习、合作探究及其他问题解决的需要。

（5）可以根据任务需要评价信息的相关性、准确性、适切性和可能存在的偏差，甄别和选用有价值的信息。

（四）学会使用常用信息处理工具和软件

（1）学会使用一种计算机画图软件，设计并绘制图形。例如根据表达意图确定图画的主题和大体构思；能设置背景颜色和图画的颜色；能使用常用的电脑绘画工具画出点、线、面；能通过剪切、复制、粘贴等电脑特用的功能对点、线、面进行组合、编辑，构成符合表达意图的完整图画；能给图画上色，能对图画的整体或某个部分进行修改，或设置必要的效果。

（2）学会使用一种文字处理软件处理文字信息和写作，在学会常用文字处理功能的基础上，学会通过文字编辑、版面设置、剪贴画、艺术字、绘制图形、插入图片、制作文字表格等方式，增加文档的表现力。

（3）熟悉信息处理软件的界面和常用工具，比较不同软件界面的异同，总结具有广泛适用性的操作方式，积累技术应用经验。

（五）学会使用多媒体制作软件

（1）可以依据内容的特征与表达的需要，对于作品的表达意图以及作品的风格进行思考并确定；进而依据表达意图对于文字、图画、声音等各种信息表达形式的优缺点进行对比，选择较为合适的表达方式，从而对于作品的制作过程有一个初步的思考与规划。

（2）学会应用合适的信息处理工具或软件（如文字处理软件、画图或图形处理软件、计算机录音软件等），导入、插入图画、文字、表格和声音，并进行必要的编辑或修改，设置图像和文字的效果；制作或插入表格；录制或截取一段声音等。

（3）学会使用一种简单的多媒体制作软件，集成文字、图画、声音等信息，制作简单的多媒体演示文稿。

（4）可以依据作品的特点以及受众的需要，来选择较为合适的方式进行演示或者发布电脑作品，对作品的主题和创意进行表达。

（5）可以对自己、他人的电脑作品进行评议。同时，在评议的基础上对于电脑作品进行必要的优化来使其表现力得到增强。

（6）对于所使用的信息技术工具的优缺点进行讨论，提出相应的技术调整建议，初步形成技术创新意识。

（六）学会运用常用远程通信工具进行合作学习

（1）学会运用电子邮件和他人进行信息的共享、获得支持、陈述观点或者开展合作。

（2）学会应用已有的学习网站或者在线讨论工具，对于课程的相关问题进行讨论，或者开展持续深入的主题研讨。

（3）学会运用网页对于软件进行制作，学会规划、设计、制作、发布较为基础的网站，通过网站共享信息、发表看法、发布成果、交流思想，支持合作探究或其他有意义的社会活动。

（4）能观察和讨论网站交往中产生的法律法规和道德问题，在使用网络与人交往时，能遵守相关的法律法规和网络礼仪；能结合实例，讨论网络应用对个人信息资料与身心安全的潜在威胁，形成网络交往中必要的自我保护意识，明确不恰当的网络应用和网络交往可能产生的后果。

第二节　信息技术课程教学特点与基本原则

一、小学信息技术课程的教学特点

小学信息技术课程注重于对小学生进行初步的信息素养与信息技能的培养。其特点是由信息技术课程的性质以及小学生的年龄特点所共同决定的。小学信息技术课程既区别于以往的小学计算机课程，也区别于小学数学、小学语文等传统课程。

（一）小学信息技术课程的特点

1. 实践性

小学信息技术课程的显著特征之一，便是实践性。作为一门实践性学科课程，小学信息技术课程的核心目标是培养小学生的能力，即通过运用信息技术来处理实际问题的能力。学生不需要死记硬背信息技术的专业术语和概念，学生需要的是对于大千世界中多元复杂的信息进行搜集、筛选、辨别、运用、表达和创新，以及如何使用所学的信息技术知识来处理日常学习及生活中的不同问题。

2. 基础性

现如今，我们身处于信息时代，时代正在不断向前发展，和读、写等基本能力一样，信息技术已然成为现代社会中每个公民所需要拥有的基本素质与基础能力。而在小学校园中开设信息技术的课程，主要是为了着眼于培养人才方面，发挥基础教育所起到的重要作用。

从认知心理学的角度来看，越是基础的事物越具有普遍性与可迁移性的特征。因此，我们选择信息技术学科中的各项基础知识以及基础技能来作为小学信息技术课程的教学内容。

3. 整合性

相比较而言，小学信息技术课程比其他学科课程拥有着更强的整合性。从根本上来说，是因为小学信息技术课程所具有的学科交叉性，以及它进行知识联结的整体性。小学信息技术课程涉及非常多的边缘和基础科学，例如电子学、数学、物理、文学、外语、美学等。

实施素质教育，设立整合性课程，使学生的课业负担得到了减轻。信息技术课程拥有这种特有的优势。信息技术的本质是一种认知工具，这种本质使得其教学内容不能够脱离其他学科内容而独立存在。只有在使用信息技术工具对其他学科内容进行学习的时候，才能学会对于信息技术的运用。

（二）小学生自身学习能力的特点

由于信息技术开设的年级一般为三至六年级，为小学中高年级。学生在中年级段就已经具备了初步的自学能力，他们完全能够读懂信息技术教材内容；而高年级学生具备了一定的独立学习能力和动手操作能力，他们完全可以通过学习课本和动手操作相结合，学会小学信息技术教材上的内容。

（三）小学信息技术教材的特点

小学信息技术教材采用的是任务驱动式编排体系，每一课教学内容具体、图文并茂，而且操作步骤明确、详细。对于具有自学能力的中高年级学生来说，这些语言浅显的内容一看就懂。教师稍加指点，学生学习起来会很容易，非常适合学生自主学习。

二、 小学信息技术教育的基本原则

在新的课程标准下，小学信息技术课程在教学目的、内容、方法、评价等方面都体现出不同于以往的教学特色。同时，小学信息技术教育也要遵循一些重要的基本原则。

（一） 教育对象的大众性和地域性原则

为了体现义务教育的普及性、基础性，使所有学生得到全面发展、主动发展，信息技术课程在教学实施中，注重学生基础操作能力和基本学习兴趣的培养，通过丰富多彩的大众性、基础性和地域性的学习内容，使学生掌握信息技术学习的一般方法，获得可持续的、终身的信息技术学习能力。

小学信息技术教学重视信息技术基础的教学，教学以基本知识、基本技能为主，而两者之中重点又在基本技能。通过计算机基本知识、基本技能的教学，让学生更加深入地了解信息与信息社会，进而了解信息技术，了解信息技术发展的趋势，了解信息技术相关的文化、道德和法律问题以及计算机在信息社会中的地位和作用。上述知识和技能都是在社会生活中必不可少的基本知识与技能，因此我们说，信息技术教育的教学内容应该具有大众性、基础性和应用性。

信息技术的发展，不但使信息技术作为教学内容走进我们的小学教育教学中，并且成为爱国主义教育教学的一个重要工具和手段。在德育教育中，可以通过地域文化的乡土教育来达到爱国主义教育的目的。以家乡的地理、经济、农业、教育、旅游、文化、风俗等为研究主题，使信息技术教学渗透乡土教育的本色，通过让学生搜集本地区的有关知识，既达到掌握信息技术工具的学习任务，又能很好地将学习与学生的生活实际紧密地联系起来，以便更加有效地进行热爱家乡、热爱祖国的德育教育。

（二） 教育教学方法和途径的多样性原则

信息技术教学以信息技术基础知识为本，向有利于学生学习和应用的方面开放、拓展。灵活性的教材、灵活性的教学内容都是基于教学实际和学生特点的，并且能为学生提供有用的、有益的技术。

在信息技术教学方法和学习途径上，注重各个实施途径的沟通与结合，如课堂学习要与课外活动、常规指导、校外实践、家庭教育等途径相沟通和相结合等。

（三）教育教学任务的实用性和科学性原则

信息技术课程是一门综合性的学科，其能够将多种特点——知识性、趣味性、技能性以及应用性很好地结合在一起。因此，信息技术的教学也应当能够将信息技术的应用特点充分地体现出来，将信息技术在生活中的实际应用价值更好地发挥出来。将信息技术真正地融入生活实际中，是信息技术教学的另一特色，掌握好信息技术，对于提高学生在现代以及未来社会中的生存能力是十分有益的。

在信息技术的日常教学中，初高中学生的形象思维已打下较好的基础，抽象思维也得到初步发展，耐力、平衡力、协调力以及对技术对象的控制性、技术原理的理解力都有较大的发展，信息技术课程在实施教学过程中要遵循教育的基本规律。教师进行教学时，学生学习信息技术基本工具的应用、信息技术的各项基本操作。与此同时，学生在教师的组织下通过运用信息技术来进行相应的学习，以信息技术作为手段完成信息技术的教学任务。因此，我们能够知道，关于信息技术课的教学，不仅仅是简单地为了学习信息技术本身，更加重要的是要让学生能够看到它的应用价值，让学生看到通过信息技术切实地处理实际问题的方便之处。将实际生活中的问题作为教学任务来完成，进而使学生了解到信息技术的实用性和科学性。

（四）教学实施中要以"任务"驱动为主的原则

任务的设计要从小学生的生理和心理特点出发，以培养学生的创新精神和实践能力为重点，因地制宜地确立任务目标，在保证基本知识、技能、态度等教育目标实现的基础上，应尽可能地为学生提供更多自主学习的舞台和目标探索的机会，把积极的劳动与技术态度和正确的劳动与技术价值观渗透到整个任务中去。

综合实践课应根据学习的实际需要和条件进行地点的选择，可以是在教室，也可以在校外的实验实习基地，授课时可采取集中课时或分散课时、课内课外相结合的方式。

（五）教育实施中的教师指导原则

教育中以学生活动为主，以教师所教活动为辅，体现创新性和研究性学习等先进的教学思想，对教学形式必须进行必要的深加工，不再给学生罗列技术说明，更不再放任学生自由练习，而是对学生进行组织、引导和启发。教师应当运用多方的渠道对于教材进行扩展、提炼、总结与升华，从而使得信息技术教育教学中对于素养、技术与能力等方面的培养能够充分地体现。教师的根本任务是为学生的技术学习与探索提供有效的指导和优质服务。

第三章　小学信息技术课程教学设计

本章主要论述小学信息技术课程教学设计，内容包括教学设计概述、信息技术教学过程设计、信息技术教学环境设计以及信息技术课型与教学设计。

第一节　教学设计概述

一、　教学设计的定义

什么是教学设计？教学设计就是通过运用系统方法对教学中出现的问题进行分析，针对教学问题中的解决方案进行设计，对方案的有效性进行检验，并且能够作出相应调整的过程。而通过发现、研究、处理教学问题来切实提升教学系统的效率，这是我们进行教学设计的根本任务。

二、　教学设计的理论基础

从学科性质上来看，教学设计属于教育类学科。

教育学和教学论着重研究教育、教学的客观规律，关心的是教的规律是什么。心理学是教育学与教学论的重要基础，但是教育学和教学论并未将学习的心理机制当作其研究对象。

教学设计的理论基础涵盖了学习理论、教学理论、系统论以及传播理论四个方面，这些理论为教学提供了坚实的支撑。在教学过程中，学生是主体，教学的主要目的是提高学生的学习质量以及学习效率，因此，在这四个理论之中，学习理论应成为最为重要的理论基础。从这个意义上说，学习理论应该成为整个教学设计领域里最具活力和生命力的理论。此外，在30年来的教育领域理论研究方面，除学习理论之外的理论都发展得较为稳定。相比这三者，学习理论发展得更加迅速，成果颇多。

学习理论相关的种类有很多，在教学设计过程中，采用哪种学习理论进行教学设计，这是一个需要重点考虑的问题。在进行选择时，需要综合对比各种学习理论，从多个维度、多个方面进行深入了解，确认其优势与劣势，然后在各种不同的学习情境中选取不同的学习理论，设计出不同的学习策略，以便学生更好地学习。

（一）学习理论对教学设计的指导

不同的学习理论有不同的优势与劣势，下面，针对一些学习理论的优势与劣势进行简要叙述。

基于行为主义的教学理论，其主要的优势就是拥有较为明确的教学目标，外在的刺激和灌输可以系统地讲述知识，易于形成自动化和机械化的操作，便于教师控制和组织教学等。而它的劣势在于学习的主体始终处于被动接受状态，积极性和主动性难以发挥，严重压抑了学生的创造性；当外在刺激条件与学生知识结构与准备状态不符时，知识传输的效率低下。

基于建构主义的教学在真实的问题情景中，借助社会交往与周围环境的交互，解决真实问题，习得技能，学生自我控制学习进程，自我建构学习目标。它能够最大限度地发挥学生的积极性、创造力和主动性，是创造能力培养的最佳途径，适合于复杂知识的理解，适用于高级认知技能和社会技能的形成。其劣势在于没有统一的教学目标，学习评价较为困难，组织与管理学习也十分困难；学习过程中要求学生进行探索，发现和协作，不适合简单的陈述性事实知识的学习；对学生的自主学习积极性、自我控制能力、认知技能都有比较高的要求。

教学设计者的任务就是要在给定的学习任务、学习者和学习环境下，选择一种主要的学习理论，设计出最适合的学习策略。

（二）教学理论对教学设计的指导

学习理论为教学设计提供了许多有益的指导，但它本身并不研究教学，揭示教学的本质和规律是教学理论的任务。教学设计离不开教学理论的指导，同时教学设计这门学科的产生也促进了教学理论的发展，教学设计理论的发展为教学理论的发展提供科学依据。从这一点来看，教学设计研究者应特别重视教学系统的实践研究。

（三）传播理论对教学设计的指导

传播理论探讨的是自然界一切信息传播活动的共同规律。传播理论指导我们可以把教学过程看成是信息的双向传播过程，包括信息从教师或媒体传播到学生的过程和信息从学生传播到教师的过程，即师生人际交流的过程（当然教学过程不只存在师生交流这一种交流活动）。这样我们就可以利用传播理论来解释教学现象，找出某些教学规律。

传播理论对教学设计的贡献在于它的信息传播模式在教育教学中的指导作用。信息传播模式如图 3-1-1 所示，在师生交流过程中，信息的传播会受到各种干扰。比如说，在课堂教学过程中存在噪声，就会使学生在接受教师所讲述的内容过程中受到干扰。从传播的角度可以看出，教学设计者要能够事先预见可能存在的干扰并利用有效手段消除对教学传播过程的干扰。

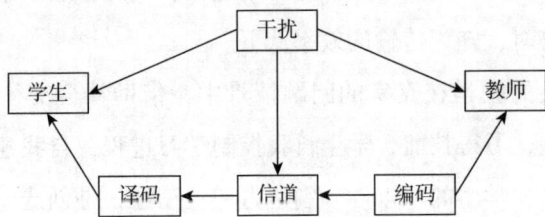

图 3-1-1　信息传播模式

三、 教学设计的理念

（一）领会课程标准分析教学需要

课程标准是承载新课程理念的纲领性文件，是实施新课程和课堂教学的根本依据。教学设计要立足于学科课程标准的要求，明确学科课程标准的基本内涵，准确把握课程目标，体会课程标准中教学活动的行为动词和体验性动词所描述的内涵及其实施途径。特别是在落实课程标准、体现学生发展共性的同时，还要充分利用课程标准留出的促进学生个性发展的空间，在教学设计中体现课程内容的差异性、学生学习的选择性和学生发展的个性化。教师要全面分析学生的兴趣、经验、知识基础、能力水平学习风格等，了解学生多层次、多样化的客观需要，确定学生发展的不同途径。

　　课程标准既是社会需求分析的结果，又是从事教学的依据。因此教师进行教学过程设计，就可以从熟悉课程标准开始，而不必再进行社会学习需求的调查分析。当进行适合于课堂形式的教学过程设计时，首先根据课程标准确定课程总教学目标，然后进行教学内容的分析和学习者的分析；在此基础上，编写本课的教学目标和知识点的学习目标，确定教学的重点和难点；再根据前面分析的教学内容和学习者的特点，选择教学策略，包括教学内容的组织策略、传递策略（教学模式、教学方法、教学组织形式）和管理策略，选择教学资源，包括教学媒体、资源和教学环境；接着设计课堂教学过程结构，即通常所说的教学流程；设计形成性评价的工具，包括检测题、评价量表，以及调查问卷、观测记录表等；运用上述设计方案进行教学实践，并作出形成性评价；根据反馈意见，对教学和教学设计方案进行修正；当单元教学或整个教学任务完成后，可以进行总结性评价。

（二）学习资源的收集和运用

　　教师要具备有效处理教材和开发课程学习资源的能力。教材是最常用、最基本的学习资源。但课程改革使教材观发生了深刻的变化，教材的功能定位逐渐由"控制"和"规范"转向"为教学服务"，教材的内容和范例只是师生开展活动的中介与话题，只是课程学习资源之一，教师不是"教教材"，而是"用教材教"。这意味着教师有权按照自己的理解，根据教学需要和条件选择、创造、生成新的课程学习资源。在这种理念下，学生可以发挥创造性，真正成为学习的主人；教师从教材的控制和束缚中解脱出来，成为拥有专业自主性和课程再次开发能力的研究者。只有教师具备学习资源创生的意识和能力，课堂教学才可能有丰富和生动的"营养保证"。

（三）教学目标的确立应在信息素养的三维框架内细化

在确定教学目标时，一方面要防止片面地理解信息素养的含义，把信息素养等同于计算机和网络操作技能，重技术轻情感，误入"教书"的歧途而丢掉"育人"的目的；另一方面要摒弃过去空泛、抽象的条文性表述，增强目标的针对性和操作性，使信息素养在知识与技能、过程与方法、情感态度与价值观三个维度中得以细化。知识与技能是基础，情感态度与价值观是导向，而过程与方法处于两者之间，起着承上启下的关键作用。过程与方法代表学习信息技术的探究经历与运用过程，这种过程性的学习超越了简单说教的局限，为情感态度与价值观的培养提供了有利条件。需要强调的是，教学目标的确立必须实事求是，既不能忽略信息素养的全面培养，也应反对牵强附会地在一堂课的设计中将信息素养的各个部分都列入教学目标中的做法。

（四）教学流程设计主要体现在教学模式的多样选择与运用

信息技术教学有很多教学模式可供选择，如任务驱动教学、基于问题的学习、Web Quest、范例教学等等。教学模式的选择要根据课堂教学实际，依据教学需要作出合理的选择，要立足于"让课堂充满生命活力，让学生成为学习的主人"，使教学成为师生积极互动共同发展的过程。传统教学在教学过程的设计编排中，受凯洛夫教育理论的影响，不论学科、年级和教学内容等因素，通常采用的是传递—接受式的五环节的教学模式：激发学习动机—复习旧课—讲授新知识—巩固运用—检查评价。新课程改革倡导"以学生发展为本"的教育理念，在建构主义学习理论、活动课程理论、多元智能理论的指导下，出现了很多新型的教学模式。因此，在继承传统的基础上，我们还需勇于创新，积极尝试和创造新的教学模式，丰富教学过程。

在实际教学中，课堂教学过程类型是多种多样的。在认真分析各知识点的学习目标、教学内容以及学习者特点的基础上，依据所选择的教学策略，选取最合适的基本类型。然后按照知识点的组织顺序或学生进行信息问题解决的典型学习活动把它们优化组合起来，形成不同的教学流程，经过教学设计的课堂教学过程是科学的、优化的，而且形式是丰富多彩的、生动活泼的，每节课将会取得较好的教学效果。

四、 教学设计的一般模型

(一) 教学设计的两个关键变量

1. 学习者变量

对学习者的重视，是新课程提倡的"学生本位"和"发展本位"的必然要求。问题的关键在于，我们要分析、了解学习者的特征，或者说，这个变量的哪些成分会影响学习的发生和效果。根据已有研究，以下几个方面是这个变量的重要组成要素：学习者的兴趣、经验、知识基础、能力水平和学习风格等。

2. 学习内容变量

学习的结果是作为主体的学生反映和认识作为客体的学习内容的产物，脱离了学习内容这个关键变量谈学生的学习是毫无意义的。学习内容变量主要包括：学习内容的内在联系；学习内容中的基点（重点、难点和关键点），即哪些是最主要的内容（重点），哪些是学生在接受上有困难的内容（难点），哪些是对学生顺利学习其他内容起到决定性作用的内容（关键点）；学习内容的类型和学习条件，人类的学习可分成五类，即言语信息、智慧技能、认知策略、动作技能和态度（每一类下面还有多个亚类），这五类学习结果代表了不同类型的学习内容，不同类型内容的学习需要不同的内外部条件。

具体到信息技术课程，从易于理解和操作的角度出发，可以将信息素养分解为知识、技术、人际互动、问题解决、评价调控、情感态度与价值观六大部分。信息素养的六大部分实质上反映的就是学生学习信息技术的结果，这与加涅的学习结果分类有相似之处，只不过两者的抽象程度和分类依据有所不同。

(二) 教学设计模型说明

学习者和学习内容作为教学设计的两个关键变量，既是教学设计的起点也是教学设计的关键。教学设计的本质就是依据不同的学习者特征、不同的学习内容进行适当的设计。那么，又如何来整合学习者特征和学习内容呢？可以引入教学需要这一概念，它正好表示学习者从初始状态到新知识（蕴含于学习内容中）

的获取之间的差距。通常教学需要的满足就是教与学活动成功完成的标志，因此，整合的平台就是教学需要，有什么样的需要，就进行什么样的设计。基于这样的思路，在史密斯–雷根模型的基础上，本书提倡使用如下教学设计过程模型，也可称之为"面向需要的教学设计模型"（图 3-1-2）。

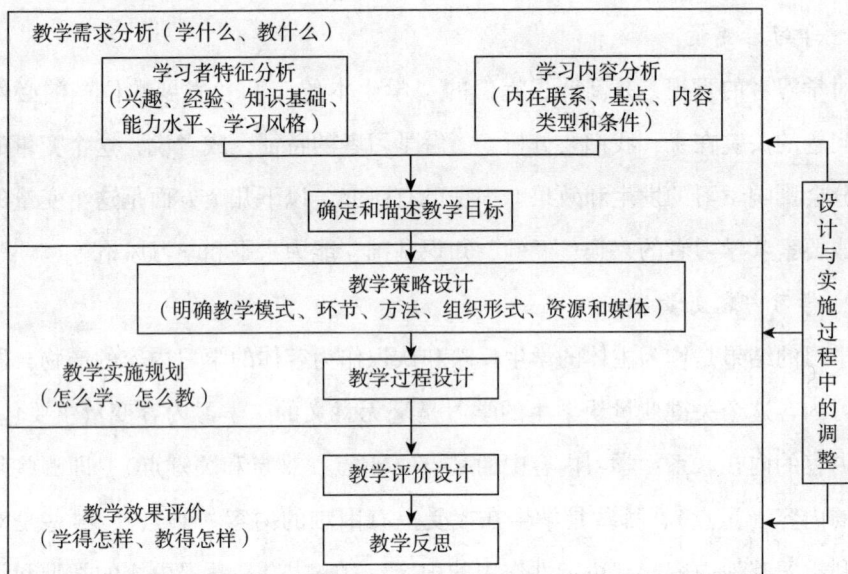

图 3-1-2　教学设计模型

仔细分析该模型，可以发现如下几个特点。

（1）在教学分析的顺序上，将教学目标的分析后移

有些教学设计模型把教学目标（主要指考试大纲或课程标准等文献中所规定的）放在教学分析的第一位，将教学目标当作一成不变的自变量甚至常量，显然这有悖于"发展本位"的教育理念。教学目标不是静态的，也不应是预设的，只能作为学习者和学习内容两个自变量的因变量，只有根据两个自变量进行有针对性的教学分析，动态地、实事求是地确定教学目标，才能真正做到因材施教，才能真正体现学生的主体性，才能真正做到教学设计的本土（地）化，也才能符合本次课程改革倡导的"教学是课程创生的过程"的新教学观，从另一种意义上说，这也超越了加涅单纯依赖学习结果类型推演教学目标的做法。考试大纲

或课程标准等文献所规定的课程目标或教学目标是面向全体的，具有一般性，它们可以作为教学设计者进行教学分析时一个很好的参考资料和指南，但不应中心化和绝对化，不应作为目标本位来恪守或盲从。教学目标的确立应依据考试大纲或课程标准但不应拘泥于此，实际需要达到什么样的目标，根本上是看学习者具有什么样的认知结构、能力、兴趣、经验、认知风格，学习内容有什么样的内在联系、基点有哪些、属于什么类型、需要什么样的内外部条件，在两者的结合上（学习者特征能在多大程度上契合学习内容的特点）确定最终的教学目标，以适应地区差异和个性差异。

（2）在学习者的分析上，增加了对学习者已有经验的分析

新课程非常强调学生的体验性学习，因此，为了贴近学生的学习和生活经验，适应和满足学生的生活和学习需求，教学设计必须充分考虑和分析学习者已有知识技能基础与学习的相关经验。

（3）在评价的设计上，强调教学评价的整体设计

教学评价设计涉及教学评价的类型、方式和方法。评价类型，如诊断性评价、形成性评价、总结性评价；评价方式，如学生自评和互评、教师评价等；评价方法，如利用量规、测验等进行评价。在教学评价设计时，要特别注意教学评价与教学环节的有机整合，使整个教学过程具有流畅性，如什么时候适合进行教学评价，采用何种评价方式和方法为宜，等。

（4）在教学效果的评价上，明确提出教学反思设计

教学的传统告诉我们，要不断提高教学水平，教师就要做教学上的有心人，将平常的教学经验点点滴滴积累起来；课程改革则明确提出反思性教学，通过教学反思可以发现教学过程中的可取之处和存在的不足，可以发现新的问题和得出新的启发，可以据此调整教学过程和修改教案，更重要的是可以积淀教育教学理论素养。因此，将教学反思纳入教学设计中，将其作为一个重要环节，从教学设计的角度规范教师的行为，有利于适应课程改革和教师专业发展的需要。

五、 教学设计的基本过程

下面是教学设计的基本过程，如图 3-1-3 所示。

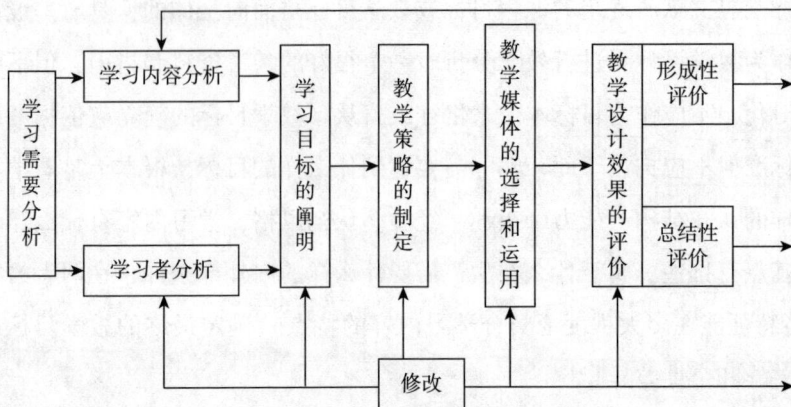

图 3-1-3　教学设计过程模式

(一) 学习需要分析

在学习需要分析阶段,我们最重要的任务是发掘教育教学中的问题,然后逐步深入分析问题的根源,通过对这些问题的根源进行分析确定相应的约束条件以解决这些问题。

在教学设计中,学习需要被视为一种特定的概念,它指的是学习者当前的学习状态与所期望的状态之间的差距。这种差距可以表现为知识上、能力上或情感态度等诸多方面的差异,而这些差异又可由一定的标准加以衡量。我们所面临的教育教学难题,即所谓的"差距",正是我们之前所探讨的内容。学习需要分析不仅包含确定"学习需要"这一任务,还需要教学设计者对得出的结果进行论证,从而确定教学设计是否是解决问题的必要手段,以及在现有资源和约束条件下的可行性。

学习需要分析经过一系列的分析和探究,以下是不可或缺的基本步骤。

1. 确定期望的状态

确定期望的状态主要是指确定期望学习者达到的能力水平。这种信息可能来源于教学大纲,或者上级教育机构提出的新的教育教学要求,或者是某种社会对人才的需求信息,或者以前教学未达到的目标。

要精确地确定期望的状态,就必须从所期望的状态出发,进行学习结果分析。没有系统的学习结果分析，确定的期望状态将是模糊的。

2. 确定现状

确定现状主要是指确定学习者能力素质的现状。同样，要想精确界定学习者当前的学习水平也必须首先进行学习结果分析。当前的能力水平即是教学起点。

确定期望的状态或是学习者的现状，可以采用测试、编制调查表或问卷、观察和座谈等方法。

3. 分析产生差距的原因

我们可以思考下面这些问题："差距"是由于教学原因引起的吗？通过改进教学可以消除"差距"吗？能否不进行教学设计消除"差距"？如调整教学进度和时间？

（二）学习内容分析

为了确定某项任务的各项技能之间的先决条件关系，必须要进行学习内容分析。在进行学习内容分析时，学习者可以了解在掌握某一项学习技能之前，必须要掌握哪些知识、方法与技能。

为了捕捉期望的演变，可以将之纳入教学目标的分类体系之中。教育界有许多种不同的教学目标分类体系。目前，布鲁姆的教学目标分类理论和加涅的教学目标分类理论影响较大。这两个分类理论对我国的教育教学改革有着很大的启发作用。下面主要介绍加涅的教学目标分类理论。

根据加涅的教学目标分类理论，人类的学习过程被划分为五个主要类别，分别是智慧技能、认知策略、言语信息、动作技能以及态度。下面，针对这五个主要类型进行简要分析。

1. 智慧技能

智慧技能是指个体应用符号或概念与环境相互作用的能力。正规智慧技能的学习始于小学的读写算训练，而个体会达到哪一种水平是和个体的兴趣和智力相适应的。

2. 认知策略

认知策略是一种选择和指导包含在学习和思维中的内部过程的认知技能，又称学习方法、解题思路、思维方法等。

3. 言语信息

言语信息又被称为言语知识，按照广义的知识观，言语信息即"陈述性知识"。加涅将言语信息的学习分为三类：名称或符号的学习、孤立或单个事实的学习和有组织信息的学习。

4. 动作技能

动作技能是一种身体运用能力，表现在身体运用的速度、精确度、力量和连续性方面。

动作技能的学习不是孤立的，有关相应的规则、标准等知识都必须事先获得。

5. 态度

态度是指影响个体指向某个物体、人或事件的行为选择的内部状态。从态度的定义来看，我们可以从个体的行为选择来测量其态度。但就学习而言，有利于态度学习的条件和态度改变的方法是相当复杂的，还有许多没有被揭示出来。但有一点已被证明，仅凭言语说教是不起作用的。

（三）学习者分析

教学设计的一切活动都是为了学生的学习与发展，因此必须了解学习者。学习者分析的目的是了解学习者的学习准备情况（即初始能力）及其影响学习的心理因素（即学习者特征），从而为下阶段教学决策提供依据。

学习者的初始能力的确定很简单，在学习结果分析的基础上进行测试或调查分析即可获得相应的数据。

学习者特征主要包括以下七个方面。

1. 学习者的认知成熟度

学习者在认知发展的过程中，其认知成熟度被定义为其认知发展的不同阶段。在学习中，人的认知活动是从感性到理性再向更高层次迈进。通常情况下，我们会根据学习者的年龄阶段来推断他们的认知成熟程度。根据瑞士心理学家皮亚杰的研究，智力和思维的发展过程可以被划分为四个阶段，这四个阶段分别是感知运动、前运算、具体运算和形式运算阶段。0~2 岁属于感知运动阶段，在这一阶段，小孩子刚刚从母亲体内孕育出来，各项身体功能器官还尚未完全开发出来，属于智力和思维的萌芽时期，是人类认知能力和思维能力的早期发展阶段。在这个发展阶段，孩子们的思维能力会受到手工操作的限制，如果不进行手工操作便无法在脑中进行思维。2~7 岁属于前运算阶段，这一阶段的儿童能够运用知觉表象进行简单的思维活动，他们的大脑已经具备了事物的具体表象，并且能够用一些简单的词汇来表达这些表象。在这个发展阶段，孩子们可以从具体的经验中汲取概念的精髓，初步建立起一个以直观感知为主的形象思维模式。在 7~11 岁的具体运算阶段，相比前一个阶段，这一阶段儿童的认知能力获得了很大的飞跃，他们的认知结构已经具备了抽象概念的能力，并且具备了简单的逻辑推理的能力。在这个发展阶段，孩子们可以通过自己下定义的方式获得一些新的抽象概念，这些概念是在原有概念的基础上进行定义的，当然，这离不开实际经验的支撑。孩子们依靠对现实生活中具体事物和形象的了解，然后进行简单的逻辑推理，之后就可以得出一些新的抽象的事物的概念。在人类思维发展的历程中，形式运算阶段至关重要，它是思维发展的巅峰时期，这个阶段主要指的是 11~15 岁的孩子。在这个学习阶段，学习者已经具备了理解和运用相互关联的抽象概念能力，其思维发展越来越开阔，比如系统思维、抽象思维、假设—演绎思维等等。

2. 学习者的性别

学习态度因性别而异，目前普遍认为的差别主要是女性学习者的自主探索能力较弱，而男性学习者则相对较强。男性在面对困惑时，往往倾向于进行自我探究，而女性更倾向于寻求他人的帮助。针对这两种不同的情况，要采取不同的措施。比如吗，针对前一种情况，教师要适当地鼓励学生进行更多的提问、听取更多的反馈和交流。针对后一种情况，教师要鼓励学生多多进行自我探索，以提高其独立解决问题的能力。

3. 学习者的动机水平

针对不同的学习者动机水平的不同，要采取不同的方式。对于那些具有高度学习动机水平的学生而言，要提供给他们充分的学习者控制，这样他们将会获得相当可观的学习成果。在一定程度上可以认为，学生对学习目标和任务进行了明确的规划之后，就会有一个清晰的自我监控系统，从而有效地调节自己的学习动机，提高学习成绩。对于那些缺乏动力的学习者而言，教师要进行适当的控制，这样他们将能够获得更为显著的学习成果。

4. 学习者的归因类型

学习者的动机水平受到其归因类型的直接影响，这一点不容忽视。不同类型的学习者在归因上有较大差异，有些归因可以帮助学生更加有动力去努力学习，有些归因则会使学生更加不愿意去学习。比如有些学子将学业失利归因于缺乏足够的自我激励；另一些学习者则认为是自己能力有限或者对知识掌握不牢固，从而导致了他们在考试中失利，这些学习者归因于主观因素，往往会付出更多的努力，以求得下次可以获得好的结果。而有些学习者倾向于将学业失败归因于题目难度过大或缺乏复习等客观因素，这种做法则不利于提升学习者的学习水平。

5. 学习者的焦虑水平

学生在学习过程中，由于压力较大，很容易就会产生焦虑情绪，这种反应可能会对其未来的发展产生负面影响。在教学中，学生学习焦虑的存在影响着他们学习效果和学习成绩的提高，因此教师应该重视课堂上学生的学习焦虑问题。针对学习者不同的焦虑水平，应当采用相应的教学策略，以应对学生不同的压力水平，降低他们的心理紧张感，以保证教学的顺利进行。对于那些焦虑水平较低的学习者而言，教师采用具有相当程度的压力的授课方式是更为适宜的；对于高焦虑水平的学习者则应采用压力水平较低的教学，使他们更加轻松地参与学习。

6. 学习者的学习风格

针对不同的学习者而言，其学习风格是不同的。学习风格指的是学习者的一系列心理特征，当他们感知到不同的刺激时，会针对这些不同的刺激做出不同的反应，这些反应会对其学习产生不同的影响。学习风格的研究将有助于我们更好地了解学生的特点及教学实践。以下是一系列可供考虑的学习方式。

（1）信息加工的方式：学生们在获取到信息之后，进行信息加工的方式是不同的，有的学生倾向于使用归纳推理方式，有的学生倾向于演绎推理的方式；有的学生喜欢静态的视觉刺激，有的学生喜欢动态的视觉刺激；有的学生属于沉思型的信息加工，有的学生属于冲动型的信息加工。

（2）社会性需求：有的学生渴望频繁地获得同龄人的认可；有的学生倾向于与同龄的学生共同学习。

（3）感情的需求：有的学生对自己的能力有充分自信，并具有一定的自我控制能力，在遇到挫折时不会退缩，具备自动激发动力的能力；有的学生则需要频繁地获得他人的鼓舞和抚慰。

（4）环境和情绪的需求：有的学生钟爱于微弱的光芒和低对比度的学习环境；有的学生对环境的温度有着一定的偏好；有的学生在学习的过程中，喜欢漫步于各个角落；有的学生倾向于在特定的时间段内进行学习。

7. 学习者文化、宗教背景

为了更好地被学习者所接受和理解，教学内容必须与其文化习惯相契合。在教学内容中，不能存在任何形式的种族、宗教、民族上的偏见。

对学习者的特征进行调查了解时，可以使用采访、开展态度调查、填写学习情况调查表等多种方式进行。通过对学习者的各种特征进行了解，可以更好地进行教学决策，以便于更好地实施教学。

分析学习者特征并不是为了缩小学习者个体之间的差异，相反教学应致力于极大地发展学习者的个性和特长，这样可能会增加个体之间的差异。

（四）学习目标的阐明

很多教学设计专家并不直接使用教学目标这一术语，而使用行为目标、学习目标或作业目标等术语。因为他们提倡用精确的行为动词来描述教学目标以避免不同的人对教学目标产生不同的理解。每个学习结果都对应一个教学目标。我们在阐述教学目标时主要参考学习结果的外显行为。注意，在通过外显行为来推断学习者是否达到教学目标时，有时只需参考行为结果，有时则需参考行为过程。

（五）教学策略的制定

通过对以上的各种内容进行分析之后，可以得到一些相关信息，依据这些信息以及相应的教学目标可以制定教学策略。教学策略就是为了实现一定的教学目标所采取的一系列活动方式及其顺序安排的原则、步骤、手段等总称。尽管它与教学方法有着一定的联系，但是又区别于教师所使用的教学方法或手段。教学策略并不刻板，它比较灵活，具有指示性，可以更好地使教学理论具体化，使教学活动方式概括化，发挥其功能。

在制定教学策略时，必须要对教学策略进行合理的划分，然后在教学设计中分别进行考虑。

教学策略是抽象的，只具有描述性，不具备规定性。选择和设计教学策略的依据是教学目标、教学条件的限制，学习者的特征、教师能力和条件限制。但教学策略不等于教学活动。下面的工作便是将教学策略根据教学的实际环境转换为具体的教学活动序列。

那么都有哪几类教学活动需要设计呢？在这方面贡献最大的仍是加涅。他根据信息加工学派的认知加工模型提出了九种教学事件（即活动），分别是：引起注意、告知学生目标、刺激回忆已学过的内容、呈现刺激材料、提供学习指导、引出行为、提供行为正确性的反馈、评价行为、促进保持和迁移。

加涅根据这个模型提出九种教学事件的出发点是：按照学习发生的过程来组织教学，外部教学活动必须支持学生内部的学习活动。

加涅的这九种教学事件又被称为九段教学程序，因为我们可以完全按照这种顺序组织教学活动，并且由于目前被大量应用于讲授式教学，虽然使讲授式教学更科学化，但却使加涅的九段教学程序被误以为是以教师为中心的教学程序的典型。

（六）教学媒体的选择和运用

媒体条件分析的任务是了解都有哪些教学媒体可以使用以及每种教学媒体的教学特性是什么。教学媒体的教学特性是指教学媒体影响教学决策的特征。

（七）教学设计效果的评价

在教学设计投入教学之后，为了了解它们的适用情况，往往要对其效果进行分析评价。要了解教学设计的效果，最好的方法就是对教学效果进行评价。

对于教学设计结果的评价，可以采用两种不同的方式：一种是形成性的评价，另一种则是以总结性评价为基础的评价。通常情况下，在对教学设计结果进行评价时，主要使用的就是形成性评价。所谓形成性评价，就是通过对某个阶段的教学活动全过程的观察分析来发现或诊断出教学活动中所出现的偏差，然后努力克服这个缺点，使教学效果变得更好，从而保证教学活动顺利进行。在教学过程中，形成性评价是一种不断进行的评价方式，其目的在于及时了解每一个阶段教学的结果以及学生学习的进展情况，同时还要明确它存在的问题，以便更好地针对教学工作进行调整和改进，从而提高教学的效果。总结性评价，一般在教学活动完成之后进行，因此，总结性评价又可以被称为事后评价。总结性评价的重点在于对教学成果的评价，以全面鉴定被评价者所取得的显著成果，并对其进行等级划分，最终对整个教学方案的有效性进行全面评估。

第二节　信息技术教学过程设计

教学过程的设计主要包括教学方法、教学模式的选择、教学活动的设计与安排等，它是教学设计的主要环节。在这个环节中，需要合理地选择相应的教学顺序、教学方法和教学组织形式以及教学活动安排等。

其中教学顺序的选择就是要确定教学内容各组成部分之间的先后顺序；教学方法的选择就要通过对讲授法、演示法、操练法等不同方法的选择，激发并维持学习者的兴趣和注意力、传递教学内容；教学组织形式主要有集体授课、小组讨论和个别化学习等形式，各种形式各有所长，需要根据具体情况进行相应的选择。

一、　小学信息技术教学过程设计的原则

（一）感受经典

在计算机科学技术史上，有很多的经典事例，在信息技术课堂中如果能够恰当引用这些经典，不仅可以增强信息技术课程的底蕴，也可以激发学生求知的欲望。但是，如果我们把握不当，也可能将经典演绎成"美丽的谎言"。

【案例】

对《啤酒与尿布》的误读

《啤酒与尿布》的故事，对于很多人来说，都比较熟悉。这是一个有关于超市的物品摆放与产品营销相关的故事，在教材中经常会见到。但是，实际上这个故事并不是现实生活中真实发生的事情，并不符合现实生活的真实情况，在超市中也没有这样的物品摆放方式。这个故事中的物品摆放方式在实际超市中并没有产生很大的应用成果。更多时候，无论是在现实生活中的超市中，还是在网络上的购物平台中，"聚类"成为最为重要的准则。所谓"聚类"，就是指一些互相之间有关联的事物，在电商平台上经常会用到这种方式，例如在当当网，用户购买一本书后，平台依据用户购买的这本书立即会列出许多与该内容相关或同一领域的书籍，从而形成了聚类关联。对于用户来说，当他们看到这些列出来的书籍的时候，内心可能会进行思考，从而在其中选择一部分书籍继续购买。对于当当网来说，这大大增加了平台的书籍购买量，是一种十分有效的营销方案。《啤酒与尿布》的故事，大家都普遍认为是来自于沃尔玛超市，但是，实际上，沃尔玛超市在美国国内销售畅销商品的策略并不是如此。沃尔玛超市是美国的连锁超市，规模庞大，在不同的时区都有分店，它的营销策略主要利用的是跨时区优势，不同时区的时间有差距，它将位于美国东部的门店当日营业一小时的数据传输至中部门店，中部门店则根据该数据选择当天的畅销商品，然后进行分类码放；西部的沃尔玛分店参考的数据也是基于中部以及东部的门店。曾经有人关于《啤酒与尿布》的故事做过研究考证，这些人认为沃尔玛并非是《啤酒与尿布》故事的起源地，这个故事真正的起源是一家软件公司。这个公司开发了一款专门分析数据并预测销售趋势的应用软件，其传播这个故事，主要就是为了进行市场推广。

这个故事告诉我们，对于那些被认为是经典和权威的信息，我们不能盲目地信任，而应该有自己的思考，应该有自己的判断，不应该盲目跟风，要依据自己的真实的生活经验做出真实的判断，并针对自己判断错误之处进行反思。另外，从这个故事中我们也可以得到一些关于基础教育的启示。在教育学生时，不能一味地灌输，而应该为学生创造一个良好的学习的环境，给予学生机会，鼓励学生通过实践体验经典之美，从而了解经典所讲述的道理，这样，他们的印象会更加深刻，对于经典的理解也会更加深入。例如，通过上述沃尔玛超市的销售商品的策略，我们可以模拟其中的一些数据，让学生进行操作分析。可以模拟沃尔玛超市东部门店开门营业一小时卖出的商品名称与数量的相关数据，然后将这些数据提供给学生，让学生依据这些数据提出中部门店畅销商品的码放建议。当然，这些都不是很容易做到的事，因为学生无法亲自去做实验，只能依靠老师或网络上提供的信息进行推测。在这个过程中，学生需要完成至少两个任务：第一，学生需要对这些商品进行分类，通常卖出的商品往往种类不同，比较杂乱，必须要进行分类才能更清晰地了解哪种种类的商品销量较好。但由于分类缺乏统一的标准，学生在对这些商品进行分类时往往凭借自己的主观意识而分类，不同学生的分类方式会有很大不同。由于分类方式不同，中部商店的码放方案也就不同，学生可以表达自己码放方案的理由和依据，这也是社会多元化的一种体现。第二，分类完成之后，学生就需要对不同类别的商品在电子表格上进行一系列操作，从而提出畅销商品按类码放的建议，将分成不同种类商品的电子表格有机地融合在一起，从而解决一个实际的"数据挖掘"难题。

（二）任务变化重在实质

【案例】

"搜索技巧"教学案例节选

2011 年 3 月正值日本东部大地震期间，一位信息技术教师为了让学生掌握利用全文搜索引擎搜索信息的技巧，特别设计了一个培养学生搜索技巧的教案。该教案共设计了四个任务：

任务一，从网上搜索关于日本地震的图片。

任务二，地震时我们应该怎样自救和救人？

任务三，福岛第一核电站外泄辐射尘对人们有影响吗？我们应该怎样防辐射？

任务四，查找能够展示人们害怕心理的图片。

这个案例"看上去很美"，不仅贴近社会生活且逻辑清晰，而且从一个基本任务开始，层层深入地带领学生全面了解日本大地震相关的很多信息。但是，教师在设计上述四个任务时，所提示的获取信息的方式皆为以关键词在百度进行检索，在搜索技巧上并无差异，属于同质任务。换句话说，这些任务没有区分度，只是让学生重复同一类工作。因此，任务设计时需要区分两种"逻辑"：一是了解一个问题可以层层深入，二是培养问题解决能力的过程也需要层层深入。这两者不可等同，了解一个问题可以不断深入，但每一步所需要的搜索策略可能并没有差异。当我们将以问题解决能力的培养作为目标时，就务必考虑该任务是否隐含了不同层次的技能或能力，如果缺少这种层次感，在学生能力培养上便是同质任务的低水平重复。该案例所反映出的问题实际上也是实践当中很容易出现的问题，人们常常被一些眼花缭乱的任务或者活动所迷惑，很少分析其实效，缺少恰当的技能点的覆盖并陷入活动的海洋不能自拔。

（三）操作始于需求

【案例】

"绘图——Word 自选图形的使用" 教学案例节选
（出示范例）

这是我们学校五年级的同学为鸟儿创建的家园，房子旁边绿树葱郁，艳阳高照，花儿含笑……美不美？

这些都是用自选图形创作的。下面就让我们一起，利用 Word 软件的自选图形来帮助鸟儿重建一个美丽、温馨的家园。

（1）请同学们试着为小鸟插入自选图形并将小鸟的对话补充完整。

（2）为了使标注更引人注目，要对自选图形进行修饰。

操作应该始于需求，需求是自然发生的、完整的。比如，案例中为什么要插入自选图形？为什么要输入文字对话？也许更好的方式是设计几个前后关联的环节：首先，引导学生设计出几个由简单到复杂的关键场景（故事情节）；其次，逐一设计每个场景，在设计每个场景的时候，要让学生先明确需要哪些画面元素，比如除了小鸟图片外，还要有旁白或对话，需要放置文字的载体（对话框)，这样自然就引入了文本框的操作以及案例原文提到的图形叠放次序、图形组合等诸多操作技能；最后，赋予学生更多的想象和创造空间，真正让学生产生利用技术为自己服务的成功体验，而不是"为学技术而学技术"的枯燥体验。

（四）挖掘技术思想

很多时候，我们的教学容易停留在操作层面而缺少提升，从而被贴上"技能训练"的标签，其原因就在于未能引导学生理解操作背后所隐含的技术思想与技术价值。

【案例】

"邮戳的制作"教学案例节选

师：什么是图层？我们这里借量角器来说明一下。请每对同桌拿出量角器，左边的同学在量角器上画圆圈，右边的同学在量角器上画微笑，两个人合作拼出笑脸图，如图 3-2-1 所示。

图 3-2-1 笑脸图

师：你们拼好了，发现了图层之间有什么样的关系？

生：图层之间互不干涉，一起组合成一幅完整的图像。

师：改变下量角器的叠放顺序后发现了什么？

生：笑脸放到下面后就看不到了，说明上一个图层的图像会遮住下一个图层的图像。

师：现在你是如何理解图层的？

生：我们这里的量角器就像图层，图层按照一定的叠放顺序就组成完成的图像。

（师生一起小结如何理解图层的概念。）

师：我们借"微笑"理解了图层的意义，希望大家有问题微笑面对。

图层概念是图像处理中的一个重要概念，上述案例用量角器作比喻可圈可点，不足之处在于停留在表面上，没有揭示图层更为重要的技术思想和价值：为什么需要用多个图层来保存图像信息？（为什么要用不同的量角器画图形？）为什么不在一个图层上（一个量角器上）画出一个完整的图像信息？事实上，这也是专业画图软件（专业图片加工）与普通画图软件（简单图片加工）的差别之一。

（五）激发学生兴趣

【案例】

"画图第一课"教学案例节选

第一步：激趣导入。

为庆祝第二十二个教师节，学校举办了计算机绘画比赛，要求同学们画一幅作品参赛，下面请同学们先欣赏这些作品（略）。你们想不想用计算机画一幅啊？我们今天就来认识一个"画图"程序。

第二步：打开"画图"程序。

（1）"画图"程序藏在哪儿呢？请同学们注意观察（师边说边演示）。

（2）你能打开画图程序吗？试一试。

（3）你会退出画图程序吗？学生演示。

第三步：认识"画图"软件。

请同学们打开画图程序注意观察：

（1）画图软件窗口，有哪些部分（或者按钮）？你能否说出它们的名称或者作用？

（2）"画图"窗口除了有标题栏、菜单栏、状态栏外，还有哪些特有的组成部分？

第四步：准备画布。

（1）试一试：把画图区调整为 800×600 像素。

（2）请学生演示调整画图区大小的方法。

第五步：尝试画图。

用铅笔画：

（1）演示，讲解，选择铅笔工具写出数字一和二。

（2）如果想写出红色的字，要怎样选择颜色呢？

（3）有同学写错时，怎么办？

用刷子画：

（1）你能用刷子工具写出数字六吗？

（2）学生展示。

（3）比较：请先选择铅笔，再选择刷子。

（4）用刷子工具，选择不同的状态，试试写出数字七、八、九、十。

第六步：保存文件。

第七步：总结交流。

"画图第一课"应该激发学生的兴趣和成就感，按该案例的设计，很可能打击学生的积极性，事实上，这种案例设计思路并不鲜见。我们建议教师先从一个简单有趣的实例（如简笔画）出发，带领学生完成一幅作品，也可以是一个半成品，让学生补充完成部分线条、涂色等。在画画的过程中再自然穿插一些基础知识和操作，比如界面的构成、几个基本画图工具的使用。案例中画布的调整应在学生画画过程中需要扩大画布时提出，这样才能脱离说教、灌输和技能训练的窠臼。

为让学生全身心投入到学习中，在教学内容的选取上，应该将信息技术内容与学生的日常生活和学习有效结合。教师要充分了解学生的兴趣爱好和特长，一方面，教师应该针对学生的个体差异设计不同的学习内容和任务，满足不同学生的需要，针对学生能力水平的差异提供不同难度的学习任务；另一方面，在选择工具时不强求一致，在条件允许的情况下，应该让学生选用自己感兴趣的软件。

（六）坚持基础性与发展性相结合的原则

在教学中贯彻基础性与发展性结合的原则，需要注意如下几点。

第一，重视信息技术基础知识、基本技能、基本方法和基本态度的培养，为学生的终身发展夯实根基。从教育心理学的层面来看，个体掌握必要的基础知识、基本技能、基本方法和基本态度（也有人称之为"四基"）是产生学习迁移的重要条件，有利于学习者形成良好的认知结构，为后续信息技术课程的学习奠定良好的基础。更为重要的是，信息技术迅速地融入大众，走进大众生活，现在以及将来的学习、生活和工作都将处在一个被信息技术填满的环境中，个体如果缺乏基本的信息素养会被社会所淘汰。

第二，以发展的眼光促进学生信息素养的发展，动态地认识学生信息素养的发展水平，并以信息素养的提升为旨归，实质上这也是现代教育哲学所倡导的"发展本位"教育价值观的重要体现。

第三，提高学生对信息技术发展变化的适应能力，通过培养他们的学习方法来提高他们的综合素质。要重视信息素养教育在中小学教育中的地位和作用，充分发挥其辅助教学功能。随着信息技术的飞速发展和知识更新周期的缩短，单靠学校的有限学习已经无法满足发展的需求；在信息时代，信息技术是一项必不可少的工具，它为公民提供了终身学习的支持和帮助。因此，提升学生适应信息技术发展变化的能力，使他们掌握学习技巧和方法，不仅是当前教学的迫切需求，更是培养信息时代公民的迫切需求。首先，教师应当提升自身的业务能力，在提升自身业务能力的同时，还要深入探究信息技术的本质特征和普遍发展规律，以便更好地进行总结和归纳，更好地对学生进行教学。现在，很多软件都有着不同的应用需求和发展变化，每一类新的工具都是专门为解决特定问题而设计的，在不断更新换代之中，满足了用户更多新的需求。在教学过程中，教师不必特别强调各种工具平台和软件的具体细节，而是以这些软件的使用为媒介，帮助学生掌握各类平台或软件的基本知识与使用技巧。其次，在信息技术课堂上，教师应当引导学生掌握自主学习的技巧和方法，以便更好地应对学习挑战。在课堂教学中，教师应创设各种情境，鼓励学生参与教学活动。在完成教学任务后，通过组织学生进行共同研讨和分析任务，尽可能激发学生自主提出问题解决方案和策略的能力；指导学生选择合适的解决方法，并对他们进行适当的评价。为了培养学生独立解决问题的能力，教师还应该让他们养成使用软件辅助和屏幕提示的良好习惯。再次，还要提高他们利用网络获取帮助的能力。比如，可以使他们通过搜索引擎获取一些问题的解决方式，还可以让他们通过网络寻求他人的支持。要注重发挥信息技术的优势，为学生提供更多的信息资源和平台。最后，教师需致力于培养学生的评估能力。一方面引导学生进行自我评估，使学生能够正视自己的学习情况，鼓励学生通过自我分析与总结来提高自身素质，从而使学生真正成为学习过程中的主宰；另一方面，也要重视学生自主反思能力的培养，引导他们深入了解不同工具的优点和缺陷，培养学生的批判性思维。

坚持基础性与发展性相结合的原则，我们才可能以基本知识和基本技能为起点，以教师教学为支点，以学习方法为杠杆，奠定学生的未来发展之路。

二、　小学信息技术教学方法的选择

信息技术教学方法，是指为了教育学生增强信息素养和完成教学目标而采用的、对师生相互交流与学习的活动方式的概括。目前在教学实践中运用的卓有成效的教学方法不胜枚举，据不完全统计有 700 余种①。信息技术教学在多年的实践中，既继承了较为成熟的、经典的教学方法，也开创了一些独特的教学方法。

（一）教学方法的选择因素

本书将介绍几种比较典型的教学方法：讲授法、演示练习法、任务驱动法、讨论法、基于问题的学习法（problem-based learning，PBL），范例教学法、Web Quest 教学法、游戏教学法。当然，适用于信息技术课程的教学方法绝不止这些，并且随着研究和实践的深入，会涌现出更多有价值和具有推广意义的信息技术教学方法。具体情况具体分析，并不是任意教学方法都能适用任意情况，教师要考虑学习目标、教学内容、学生特点、教师特点、学习环境、学科特点、教学时间、教学技术条件等因素，选择合适的教学方法。

1. 依据学习目标选择教学方法

对知识和技能的掌握，学习过程和方法的运用，情感态度和价值观的培养，都是学习目标。为了实现这一学习目标，教师需要了解和应用学习目标分类的知识和技能为了实现这一目标，教师需要了解和应用学习目标分类的知识和技能，将广泛抽象的教学目标分解为可操作的具体目标，并相应地采用适合的教学方法。例如，动作技能类目标，包括小学信息技术教学中的键盘输入等，应以演示练习法、任务驱动教学法等为主；如果学习目标中包含"正确认识机器人的价

值"等情感态度与价值观目标，则可以采用讨论法。

2. 依据教学内容特点选择教学方法

每节课都有特定的教学内容，教师要选择适当的教学方法，以达到教学目的。例如，教材中关于电脑硬件的组成内容就离不开具体的实物进行演示；如果是作品创作或者规划的内容，则需要优秀的范例进行引导；如果是比较难理解的概念、原理等，则可以借助教师的讲授。

3. 根据小学生的特征选择教学方法

教师实施教学方法还是要以人为本，因材施教。教师要根据学生的发展特点，实施适合的教学方法。这也对教师提出了新的要求，即能够准确地分析不同学生的特征。小学生低年级和高年级差距较大。例如，低年级用"喜羊羊"进行情境创设，小学生会很喜欢，但是到了小学高年级，学生们就会感觉有些幼稚。

4. 依据教师的自身素质选择教学方法

教学方法的选择，除了受外部因素影响，教师自身素质等内部因素也影响着教学方法的选择。无论使用哪种教学方法，如果教师素养条件不达标，那么在实际教学活动中，该教学方法就难以"施展拳脚"，很难真正发挥出它应用的功能和作用。这也启示着教师要懂得认清自己的优势，选择符合自己优势的教学方法，扬长避短。

5. 依据学习环境与条件选择教学方法

教学方法要根据实际的设备条件、教学环境，选择能发挥教学功能的方法，因此即便是教学内容没有变化，但放在不同的情景下，教学方法也能通用。影响课堂教学的外部因素多种多样，例如，校风、班风、软件与硬件条件等。例如，班风班纪好的班级，教法的选择会存在较大的空间；反之，则受到较大的限制。再如，有些学校的软件与硬件条件非常好，且有很方便的移动上网设备，这就为合作学习提供了很便利的条件。教学方法应用到实际的教学活动中，切忌假大空，要为教学活动创造便利并追求适用性，才能更出色地实行教学任务。

当然，在教学方法的选择过程中，还需要考虑教学方法的适用范围和使用条件等。在教学过程中，不同的教学方法之间存在相互联系和互动作用，因此需要综合分析各种教学方法的独特特点，重视教学方法的整体效果。

（二）教学方法的特征比较

这些教学方法各有特点、各有利弊，了解不同教学方法的特征（表 3-2-1），有利于在不同的教学内容和学习环境中准确地选择教学方法，以达到事半功倍的效果。

表 3-2-1　各种教学方法的基本特征与适用内容

教学方法	基本特征	适用内容
讲授法	以教师语言讲解为主，教师起主导作用，引导学生关注新知识并进行思考	适用于理论性知识内容，如概念、原理、方法；技能性知识中的操作要点等
演示练习法	教师进行操作演示讲解，学生观看并学习，随即进行练习	适用于操作性的知识内容，特别比较复杂的操作
任务驱动法	以任务为主线，学生在完成任务的过程中获得相应的知识	适用内容较为广泛，可以是新知识学习，也可以是综合技能训练等
讨论法	以小组或班级为单位，围绕一定的问题和内容展开讨论、对话等	适用于教材重点、难点；探讨性内容；涉及态度、行为、价值观的内容等
基于问题的学习法	将学习置于复杂的、有意义的问题情境中，小组合作解决问题	适用于综合应用课；也可尝试应用于软件学习等内容
范例教学法	借助典型范例主动获取一般的、本质的知识、能力和方法	适用于应用软件的教学、计算机操作和网络操作等教学内容
Web Quest 教学法	围绕某个主题，借助网络资源进行探究	较适合综合主题
游戏教学法	以游戏的形式，获得相应的知识和技能	适用范围较广，如技能的训练、知识的获得等

（三）教学方法应用要点

每种教学方法在实施时，都可以有多种选择和应用的方法，但是也有一些要点需要把握，如表 3-2-2 所示。

表 3-2-2　各种教学方法的应用要点

教学方法	应用要点
讲授法	1. 对内容进行合理的组织，线索清晰 2. 有良好的语言表达能力 3. 与其他方法相结合
演示练习法	1. 教师对操作的知识内容进行精准演示是重点 2. 让学生进行模仿并学习 3. 指导学生进行技能训练和创新是难点
任务驱动法	1. 设计合适的任务 2. 任务与知识之间的关系梳理： （1）任务的合理性 （2）任务的操作性 （3）任务的层次性 （4）任务的趣味性
讨论法	1. 讨论的"引爆点" 2. 讨论的组织和引导 3. 恰当地提示和小结
基于问题的学习法	1. 问题的设计 2. 问题解决过程中的引导和提示 3. 学生的有效合作
范例教学法	1. 范例的选取（教学链上的关键点） 2. 从范例到一般的引导 3. 形成合理的知识结构和学科框架结构
Web Quest 教学法	1. 任务与过程的设计 2. 探究支架的设计 3. 恰当的指导、学生合作、资源的运用等
游戏教学法	1. 游戏的设计与选取 2. 游戏与知识之间的关系引导 3. 课堂秩序的调控

三、　小学信息技术教学情境的设计

教学情境就是为学生参与学习营造的学习环境。我们需要构建一个经过优化、既注重情感，又兼顾理智的教学情境，它能起到激励学生主动学习的作用。自杜威提出的"做中学"思想到李吉林的情境教学理论、布朗等学者提出的"情境化学习"概念，再到建构主义学习理论，都强调在教学中应用真实情境。根据建构主义学习理论，学习始终与特定情境相关。在特定情境下，生动的图像能够刺激学生的联想，唤醒其原本的认知结构中相关的知识和经验，帮助学生利用这些知识和经验，以便更好地吸收新的知识，这种过程被称作"同化"或"顺应"。在教学设计中，创造教学情境是非常重要的一个步骤。在这项任务中，我们将主要探讨小学信息技术教学过程设计中的教学情境，重点考察教学情境的作用、种类、常见问题及构建原则。

（一）　小学信息技术教学情境的主要功能

为了创造一个理想的教学环境，需要满足三个要求：引起注意、激发动机、促进迁移。这三种功能是相互依存并层层递进的关系。苏霍姆林斯基教育家认为，如果教师只是急着传授知识，而没有努力让学生进入情绪高涨和智力振奋状态，那么这种知识只会让人产生冷漠的态度，只做没有感情的脑力活动会使人感到疲倦。吸引学生的关注并引起他们感官层面的愉悦或惊奇是教学的基础，但仅仅在这一层面上停留是不够的。更为关键的是要在此基础上激发学生的学习热情，只有这样，才能获得有实质意义的学习成果。现代教育理论认为，教学的核心目标在于激励学生内在的成就动机，包括认知上的、自我提升的内驱力以及附属内驱力，从而实现主动学习、自主建构的良性循环[①]。

认知内驱力是指对学习任务本身的向往和热情，是由于学习本身所提供的知识和实际收获而产生的，因此也被称为内部动机，它是最为重要和稳定的动机之一。认知内驱力不仅取决于学习目标的明确性，还受到认知兴趣的影响。当一个人明确意识到自己的学习活动的目标与意义，就可能会以此作为推动自己学习的动力。

①　皮连生.学与教的心理学［M］.上海：华东师范大学出版社，2009.

【案例】

"数字化图像的简单合成"教学情境创设

教师先演示了一组在各地的留影照片（用 Photoshop 合成的），请学生们欣赏。"风景这么美！""泰山中天门。""青岛海滨浴场。""北京天安门广场。""法国凯旋门。""英国伦敦。""老师去过那么多地方吗？""值得怀疑！"学生们已忘记了刚才的不情愿，讨论着画面上的景色。

突然，一个学生大声说："看不出来吗？老师在各地留影穿的都是现在的这身西装，这组图片是用 Photoshop 合成的。"真是一语道破天机。

教师接着说："是的，这是老师用 Photoshop 合成的留影照片，大家想不想去这么美丽的地方留影呢？"

"想！"学生们异口同声地说。

"正好我的邮箱里有自己的照片。"学生 A 很兴奋地说。

"那你想不想和老师合个影呢？"教师轻声问她。"很想！"她大笑起来。

教师边演示边与学生交流，共同完成学生 A 和教师的合影。

上述案例中的教师"数字化图像的简单合成"中的"留影"抓住了小学生渴望得到他人关注和认同的心理，激发了学生的附属内驱力。

虽然在同一个教学情境中存在同时触发三种成就动机功效的可能，但是设计教学情境并不只是为了激励学生主动学习，设计教学情境宏观上是为了培养学生能力，因此它还应该有促进迁移的功能。传统的信息技术教学主要是粗略性地学习知识和训练技能，它不设定在具体的情境中，这就导致了学习结果难以自然迁移到真实的情境中。新课程强调学生需要具备利用信息技术解决问题的能力，因此教学过程需要注重情境化。这意味着学生应该在实际情境中获得知识，随后将这些技术思想和方法进行适当的提炼和概括。接着，学生需要在创造的情境中运用所学知识和技能去解决问题。这样做，学生就能够自然地将所学的知识迁移到不同的情境下并加深理解，从而提高其实际应用能力，实现知行合一的学习目标。

（二）信息技术教学情境的常见形态

根据不同表现形态，可以将教学情境分为悬念、问题、任务、演示、故事、游戏等。

1. 悬念情境

悬念情境是为了满足学生强烈的求知欲和好奇心而创造的一种环境，这种环境具有科学性和创新性，能够引起学生的学习兴趣，引导学生在探索活动中提出自己的疑问。"学起于思，思源于疑"。通过营造悬念情节，可以激发学生的好奇心和探究欲，促进他们更深入地思考和探讨问题，有助于开拓他们的思维方式。

【案例】

"复制和粘贴" 教学情境创设

教师先提出问题："同学们，你们谁能 1 分钟打 1000 个字？"学生们一听，有的张大了嘴巴，有的无奈地摇头，有的在凝神思考，教室里变得鸦雀无声。教师紧接着说："其实，你们每个人都能 1 分钟'打'1000 个字，想知道其中的奥秘吗？"学生听了更惊奇了，一个个瞪大了眼睛，全神贯注地听讲，继而引出"复制和粘贴"的学习内容。

2. 问题情境

问题情境的创设是将学习内容转化为问题的形式，激发学生解决问题的热情，目的在于将学生引入一种与问题有关的情境中。

设计信息技术问题情境的过程可以分为两大步：先将信息技术知识问题化，即进行知识点分析，明确本次问题情境要完成哪些学习内容；再将信息技术问题情境化，即设计或选择一个能覆盖这些问题的情境。

3. 任务情境

任务驱动教学的展开，起始于有效任务情境的设计。有了任务情境的烘托，教师就可以"顺理成章"地提出学习任务，使学生明确所要完成的学习任务及任务所包含的学习目标。

4. 演示情境

演示情境一般是通过教师或学生的操作演示，或者实物展示、播放多媒体作品等来实现，培养学生观察与思考的习惯。在这一过程中，学生会对演示过程中产生的现象及要领等产生好奇，并生成新的求知动机。

【案例】

"电脑设计小水壶"教学情境创设

同学们，上课前，老师请大家看一组幻灯片（出示图），回忆一下我们学过的一节美术课"小水壶"。请同学们边看边思考，我们的小水壶是多种形状的组合，用我们的画图软件能否表现出来？

总结：这些小水壶可以用我们的画图软件来完成。今天，我们就用画图软件进行设计。

板书课题：电脑设计小水壶。

它们可以组合多种形状，如图3-2-2所示。

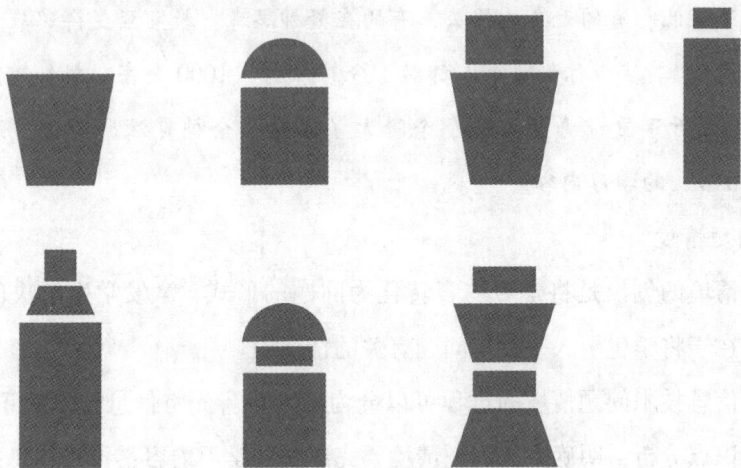

图 3-2-2 小水壶形状

5. 故事情境

根据学生的年龄特点和生活经历，创设与学习内容相关的、富有情趣和寓意的故事情境，以故事的形式作为教学的切入点，不仅能够调动学生的积极性，吸引学生的注意力，激发学生的学习兴趣，还能发挥学生的想象力。

6. 游戏情境

为了让学生可以主动参与学习，教学时的游戏活动是一个很好的激励形式。由于学生阶段性的猎奇、争强好胜的心理，在教学过程中进行游戏活动，可以达到劳逸结合、寓教于乐的目的，使难懂的、抽象的知识在课堂活动中被学生理解、接受。

上述教学情境的分类并不是绝对的，在实际教学活动中，还是要根据具体情况采用合适的教学方式甚至结合多种教学方式，才能实现教学情境的价值。

（三）信息技术教学情境创设的常见误区

在教学实践中，许多教师对创设教学情境的目的不太明确，创设的教学情境有效性不高，有的情境忽视了学习目标；有的情境与教学内容不匹配；有的情境走马观花，拘泥于形式；有的情境脱离生活实际。

1. 离

离，主要指创设的教学情境游离于教学主题、教学过程之外，喧宾夺主，不仅不能发挥情境的功能，甚至会成为课堂教学的干扰因素。实践中有三种层次的游离：一是"形离神也离"，这是比较低层次的游离，在教学中较易避免；二是"形离"，指情境内容的表现形式与教学内容的特点"不兼容"，无法进行迁移；三是"神离"，形式上好看，但目标偏离。

【案例】

"设置动画效果"教学情境创设

师（出示"动画乐园"动画）：同学们，今天我要带大家去一个非常好玩的地方，你们看，这是哪里呀？

生：动画乐园。

师：这里有放映厅、闯关室、设计室，还有游戏房呢，让我们先去放映厅欣赏一部动画片吧！

（教师播放"龟兔赛跑"演示文稿。）

师：你们喜欢这个动画片吗？为什么？

（学生回答。）

师：你们知道吗？其实这个动画片就是用我们所学的 PowerPoint 软件制作出来的。你们想不想知道它是怎么制作出来的呢？今天，我们就一起来学习第 40 课"设置动画效果"。

登录爱课程网，研习模块 4 任务 3 案例"动感地带——自定义动画"，分析该案例中情境的创设。思考在情境创设中如何做到形式与内容的统一。

在这个案例中，动画乐园中放映厅、闯关室、游戏房等情境的创设与本节课关联不大，在这个情境中，学生反而可能会更加关注这些有趣的内容，还不如直接播放"龟兔赛跑"的动画片创设情境，展开教学。

2. 假

假，就展现教学场景的形式而言，我们可以把它分为现实场景和虚拟场景两类。真实情境通常是以具体的物体、场景或事实为基础的情境。教师在课堂上使用的工具、生动的案例和播放的视频等都是真实的情境，学生可以通过观察和聆听直接感受到。虚拟情境指的是一种通过虚拟化技术将成本高、难以观察或难以实现的微观世界呈现给学生的教学情境。在这种情境中，学生可以更直观地了解微观世界的内容，从而更好地理解相关的知识。教学情境分为两种，每种适用对象不同且都有其价值。但如果两种情境使用不当，就可能会导致虚假情境的出现。这种情况主要表现为：制造出的现实情境与真实生活脱节，不符合生活常理，往往是由教师刻意虚构的。所创造的虚拟场景可以被真实场景所取代，使得虚拟场景失去真实性。

【案例】

"浏览图片"教学情境创设

小朋友们，传说在神秘的图片王国里收藏了各种不同的图片，凡是见过那些图片的人就能得到快乐，其中有一张最神奇的图片，它会让人梦想成真。这节课就让我们走进图片王国，一起去探个究竟吧！

这样的情境会给学生的学习带来认识上的误区，课堂为了穿上这件华丽的衣服而掩藏了信息技术自身的价值。教学中适度而有效地联系"生活现实"是大有裨益的，但在教学中有些教师往往取了情境之"形"而忽视了内容之"实"，将虚假的事实呈现在学生的面前。

3. 繁

通常有两种情况表明教学情境变得繁琐：第一种情况是教学情境的内容设计

十分冗长、复杂，其中包含许多与教学内容无关的信息，这会使学生的认知负担增加，同时也会使他们偏离教学核心。如果教学情境过于冗杂，会耗费过多课堂时间，并影响到教学效果。第二种情况是教师过度耗费时间和精力在创造教学情境上，这直接导致了教师的工作量过大。

【案例】

"制作课程表"教学情境创设

在绿光小学的魔幻班里贴着一张神奇的课程表，它控制着本教室一切行为的发生。可有一天，课程表突然不翼而飞了，魔幻班变成了一个静止的世界，必须要找到一张一模一样的课程表，一切才能恢复正常。小朋友们，你们能完成任务吗？

这样的情境拖泥带水，不利于学生的学习，若直接出示教学任务"制作课程表"教学效果会更好。

(四) 信息技术教学情境创设的基本原则

要充分发挥情境的功能，避免情境创设过程中常见的误区，应遵循以下原则。

1. 真实性原则

传统的教学方法重点在于培养技能，但它的缺陷在于将知识和技能与实际应用分开，导致了抽象、无意义的概念、规则和操作方法的形成。导致从非实际情境中获得的知识和技能会变成没有实际用途的"惰性知识"或"惰性技能"。通过设定教学场景，旨在避免脱离现实生活的传统教学方式，强调运用真实情境来改善教学法，使学生在情境所涉及的人和事上产生情感共鸣，以实现深度学习的效果，帮助学生自主地构建知识。在教学情境中，真实性是至关重要的因素，它决定了教学情境的生命力。教师需要以学生的日常生活为依据，详细收集和整合可被用作教学案例和素材的信息和情报，并将生活元素与教学相融合，以实现更加贴近生活的教学。情境教学需要贴近学生的学习和生活，这是真实性原则所要求的。这种做法可以促进学生利用已有的经验，激发他们的学习热情，同时启发他们深化和扩展自己的知识和经验。我们不能仅从一个角度理解"真实性"，并且在选择实例时应该专注于与学生的生活经验相关的实例。如果我们选择的例子与学生的经验不同，那么学生在接受知识时需要花费更多的时间和精力来理解，这会浪费他们的时间和精力。

2. 针对性原则

教师应根据学生的个体差异，包括年龄、生活环境和经验等，制定有针对性的教学方案，以吸引学生的关注并激发其学习热情。为了更好地实现教学目标，教师可以设计与教学内容和过程紧密相关的教学情境。设置情境不应该被看作是一项单独的教学步骤，而是应该与接下来的教学过程密切相连。这种方法不仅有助于激发学生的学习热情，还能确保教学过程的连续性和高效性，从而提高教学效果。

3. 经济性原则

为了达到教学的最终目标，设计教学情境需要考虑时间和精力，并在合适的时候进行情境设计。过度复杂的教学环境会消耗课堂时间，使得教学内容难以分清主次，影响学生的思维能力养成并且不利于学生进行有效的选择。在设计情境时，应该在投入与产出之间找到平衡，以确保不会给教师带来过多的工作压力。

4. 趣味性原则

设计一个沉浸式的教学场景，让学生置身于一个充满各种探索和创造机会的场景中。在这个场景中，学生们可以自主选择学习任务或挑战，玩转知识点，解决问题，感受到学习的乐趣和成就感。同时，设置一些趣味性的元素，如游戏化的评估和奖励机制，或引入一些有趣的互动性工具，激励学生积极参与学习并持续探索、创造。最终，通过对学生学习成果和过程的全面评估，来促进学生的全面发展。因此，在情境的设计中要遵循趣味性的原则。当然，随着年龄的增长，人们的思维水平和兴趣点会发生明显的变化。

四、 小学信息技术教学活动的设计

（一） 合作

1. 认识合作

教学的合作活动设计目前基本形成了一种固定形式——合作学习。合作学习是 20 世纪 70 年代初兴起于美国的一种教学理论与策略体系。由于它在改善课堂心理气氛、大面积提高学生的学习成绩、促进学生非智力品质的良好发展等方面实效显著，很快就受到世界各国的普遍关注。

美国明尼苏达大学合作学习中心（cooperative learning center）的约翰逊兄弟认为，合作学习就是在教学上通过分组使学生共同活动，以最大限度地促进他们自己以及他人的学习。具体到课堂教学中，合作学习是指以小组学习为主要组织形式，根据一定的合作性程序和方法促使学生在异质小组中共同学习，从而利用合作性人际交往促使学生认知、情感发展的教学策略体系。

当前的教学实践中，可选择实施的合作学习方法和实践策略类型有很多。约翰逊兄弟认为，无论是采用哪种形式的合作学习方法，都要具有五个要素。（1）积极互赖。要求学生认识到他们不仅需要对自己的学习负责，还需要为小组里的其他同伴的学习负责。小组成员之间的命运相互牵连，不同的起伏都要成员共同面对和承受。（2）通过面对面的沟通来增进交流。要求学生进行实时的交流，组内同学相互激励并取得共同的学习成果。（3）个人承担的义务。每位学生都必须肩负一定的学习任务，且确保自己完全掌握所分配的任务。任务分工要清晰明确，每个人都要对自己的任务尽责。（4）人际交往能力。要求教师必须传授学生一些社交技巧，以促进高效的合作。（5）小组互相评价。小组需要定期评估共同活动的情况，反思小组活动的实际效果和功效，以确保小组活动始终保持有效性。

2. 小学信息技术合作学习活动设计

虽然知道了小组合作学习应该包含哪些要素，并且努力在课堂上应用小组合作学习，但合作学习的诸多要素相加并不等于合作学习，下面我们结合具体的实例来为大家做一些介绍。

（1）合理分组

小组合作学习是以小组为基本单位进行教学活动的，能实现有效合作学习活动的前提是科学合理地编排学习小组，它也是为学生提供挖掘自身探究能力的平台，使学生与小组其他成员共成长、共受益。

根据信息技术学科的特点以及机房设置情况，每个小组以 4 人左右为宜，方便一起合作交流，人数过多则不利于合作开展。学生可以自由组合，也可以就近组合。教师可以事先给出一定的分组建议，例如男、女生的比例，成员特点等，再由学生自由组合。在分组的过程中，教师需要特别关注一些游离学习状态之外的学生，可以通过适当的座位调整，尽可能让他们融入真正的学习小组中。分组应力求每组力量均衡，避免出现强势小组和弱势小组。为了提升小组成员的凝聚力，还可以鼓励学生为自己的小组取一个响亮的名字等方式，帮助学生建立团队的概念。

一段时间后，教师可能会发现有些小组的合作效果很差，所以为了保证合作学习的有效性，有必要对小组人员进行适当的调整。经过一段时间的观察，对于完成合作学习情况不好、相互推诿、没有凝聚力的小组要采取适当的重组。

（2）明确分工

每个小组成员必须进行明确的分工，建立个人责任分工表，以便在以后能及时进行跟踪和指导。在跟踪、指导过程中还要注意做好奖励与督促，组织学生进行资源共享，提高学生自主学习的效率。必要时，教师也可适度营造组间的竞争氛围，激发和维持学生积极参与的热情。

（3）精心设计合作任务

合作学习要处理的是个人力量难以解决的、方法不确定的、答案不唯一的、内容开放的、较复杂或较高层次的学习任务。当多人共同完成可以增加作品的丰富性时，也可以采用小组合作的学习方式。

例如，学习完画图软件后，教师设计了一个任务：要求4人为一组，共同设计完成一幅4格漫画。这个任务具有较强的合作性和一定的开放性，并且"漫画"主题也比较受小学生的欢迎。要完成这个任务，要求小组成员经过协商统一主题和风格，并各自承担其中部分漫画的创作，从而保证在完成任务的过程中，既有合作任务，也有每个成员都能独立完成的分任务。

（4）提供方便的合作学习支持平台

在信息技术的课堂合作中，学生经常需要沟通信息、分享资料、递交作品等。如果有多元的、便捷的信息化应用平台为其提供支撑，就可以提升合作学习的效率。

最简单的方式是通过局域网设置网络文件夹共享，这种方式的资料分享效果好，但交互性较差。还有一些老师会提供专门的合作学习网站，在学习活动支持方面功能会更加强大。另外，在合作的过程中，教师可以充分引导学生利用一些社会化通信软件（如 QQ、E-mail、微博等）进行实时和非实时的沟通与交流。

（5）设计多元的评价方法

为了保持小组活动的有效性，合作学习小组必须及时评价小组成员共同活动的情况。教师应该根据实际情况，采用多种评价方式。要注重过程评价，在评价的过程中，注重自评、互评和教师评价相结合。

（二）讨论

对于广大的信息技术教师来讲，讨论这种形式的教学活动并不陌生，特别是在提倡发展学生的主体性、培养学生创造性的今天，讨论频繁地出现在合作教学、分层教学以及问题教学等各种形式的课堂中。班级 BBS、电子信箱等成为信息技术教师进行讨论的有效阵地。

那么，如何能够让讨论活动开展得更加有效果？在教学设计时需要考虑什么呢？

1. 讨论的主题（话题）

这是讨论成功的关键，在设计时一定要选择好讨论的主题，即创设讨论的"引爆点"，让学生有话要说。不要把一些没有必要的内容拿来讨论，不要为了讨论而设置讨论环节。学生没有生活体验的内容不要讨论，因为没有生活体验很难有自己的思想；学生观点几乎一致的内容不要讨论，因为没有思想的碰撞和不同观点的交锋就失去了讨论的意义，学生会觉得乏味；学生没有思考过程的内容也不要安排讨论，因为在这样草率的讨论中，学生交流的实质性内容太少；技术和操作的内容不要安排讨论，因为对于这些内容，讲授比讨论的效率会高很多。

例如，有老师在五年级"创建交互式演示文稿"一课中，讲完超链接后，马上说："同学们刚才学习了超链接，接下来要学习动作按钮，给大家两分钟时间先讨论一下。"很显然，这个讨论在这里就显得毫无必要。关于"动作按钮"，要讨论什么，教师并没有明确说明，而且很多学生可能并没有动作按钮的操作体验，因此，讨论更无从谈起。

2. 讨论提纲（支架）

为防止讨论走题，或者没有焦点，教师可以预先准备一个讨论提纲，以便学生在讨论时能有次序、有焦点地进行。

讨论并不是提出一个问题就可以了，事实上，在实施讨论之前，教师需要对讨论的内容和已有的材料以及观点有一个全面、深刻的了解，对讨论中可能出现的观点有一个大致的预期。教师还需要为学生在讨论时提供一些"支架"进行引导。例如，可以通过一些问题、提纲、表格，引导学生的讨论，也可以通过呈现一些已有的观点引发学生的讨论。

【案例】

"幻灯片综合制作"讨论设计

设计1（演示几个作品后）：请同学们分小组讨论一下这几个作品怎么样？

设计2（演示几个作品后）：同学们可以参照下面的问题，点评一下这几个作品。

（1）作品表达的主题是什么？

（2）几个作品主题表达的形式上有什么不同？

（3）你认为哪一个主题表现得最突出？它是如何表达主题的？

（三）竞赛

课堂竞赛是课堂活动的形式之一。竞赛是有效引导学生对学习产生兴趣的活动，而非被动地去接受知识灌输，它有着调动学生学习积极性和主动性的作用，是让学生参与进学习课堂，发挥学生主观能动性的教学活动。课堂竞赛还是一种强大的外部压力，当它和学生的自尊心和荣誉感相结合时，可以很快转化为个人的内在动力。实践证明，在教学活动中适当开展竞赛活动，有利于提高课堂教学效果。竞赛这种活动形式，可以穿插在不同的教学方法中。例如，任务竞赛、游戏竞赛、创作作品竞赛、信息技术知识竞赛、电脑组装大赛等。

小学生具有争强好胜的心理。利用他们的这一特点，教师可以组织游戏和竞赛活动来激发他们的学习欲望。但是，游戏和竞赛活动要以达成学习目标为目的，以重点与难点为主题，紧扣教学内容，促使学生在最大能力范围内完成学习任务。切忌为游戏而游戏，一味强调气氛，这样既浪费时间又影响效率。

1. 竞赛的形式

基于教学内容和实践需求，竞赛活动可以采用单人获奖为目标的形式，也可以采用小组获奖为目标的形式。小组竞赛可以根据人数和性别分为不同类型，如双人组、四人组、十人组和男女混合组等。比赛结束后应立即公布结果，并向获胜的团队或个人表示赞扬或授予奖励。在每个课程环节中安排竞赛活动是完全可行的。

2. 竞赛的组织

（1）创设竞赛环境

基于民主、平等和合作的课堂氛围是各种教学活动的根本。教师应该营造一种民主、平等、合作的课堂氛围，鼓励学生参与所有课堂教学活动，并尽情发挥自己的能力。要想让各种竞赛活动成功举办，必须建立一个能够促进学生参与的环境。在这种环境下，学生才能够积极参与各种活动，从而增强竞赛活动的影响力。

（2）制定竞赛的规则

教学设计时要制定好规则，主要有时间、纪律、行为动作、奖惩方式等方面的内容。还要加入计时器记录学生完成所有项目所用的时间，教师应为学生提供竞赛的基本环境，即让学生有竞赛的真实体验。这不仅利于竞赛开展的顺利进行，也能防止学生有被迫参与的疲惫感和抵触情绪，使竞赛能保持较高水平的标准。

在比赛开始前，老师应该简洁明了地说明比赛规则，确保对比赛时间的控制。规则的制定和呈现对竞赛活动的顺利开展起着至关重要的作用。如果活动规则过于复杂，学生将花费更多的时间来理解，并且在操作时容易犯错。这样一来，竞赛活动的重心和目标就会发生偏移。为了制定简洁易操作的活动规则，教师在备课时需要认真把握。在活动开始前，教师应当明确表达规则并使用多媒体清晰地展示出来。如果需要，教师可以请学生参与示范。

（3）实施竞赛活动

在竞赛活动开展时期，竞赛规则要做到公平、公正、公开，保证竞赛结果的公允性，组织教师要友好积极地鼓励学生参与。竞赛活动内容，也要做好安排，设立好侧重的内容。如打字竞赛可按准确性和速度进行，作品创作可以按照创意、色彩搭配、主题表达等进行竞赛。

（4）评价竞赛活动

在评价竞赛活动时，必须确保公平公正，及时正确地评估每个参与活动的学生，给予他们所在小组适当的加分或其他奖励形式，以便让学生收获成功感和集体荣誉感。教师在竞赛活动完结后需进行小结，此时教师需谨记保护学生的积极性。竞赛应被视作调动学生积极性和提升教学效果的一种方法，活动结果应让所有学生都有获胜的感觉，只是每个人获胜的方式不同。

（5）竞赛后的延伸及反思

要达到预期的教学效果，在竞赛式的教学活动中，必须进行充分的课前准备，同时也需要进行课后的延伸。常见的情况是，大多数学生通常在上课前积极准备，并参与到学习活动中。但是，在竞赛结束后，学生常常只关注胜负结果，不在意学习活动。这种现象不利于学生的知识和能力的完善和发展。所以，教师需要思考并解决学生经常遇到的问题，鼓励学生及时弥补他们自己不太清楚的内容，查缺补漏。另外，教师需要指导学生将竞赛延伸至课后学习。学生的学习旨在促进其发展，因此，在教学过程中，应积极倡导以学生为主体的教学理念，尊重学生的学习需求和兴趣，使他们成为课堂和学习的主导者。

在信息技术教学中，还有很多其他的教学活动，如集体教学、头脑风暴、角色扮演等。

第三节　信息技术教学环境设计

一、学习环境的内涵

根据何克抗和李文光的二位学者的观点，他们认为学习环境是由学习资源和社交关系的结合构成的。可以这么说：学习资源指的是学习材料、认知工具和学习空间等。认知工具是帮助学习者获取、加工和保存信息的工具，教室和虚拟网上学校都属于学习空间。人际关系涵盖了师生之间和学生之间的相互交往。

根据何克抗教授的总结，国内外有关学习环境的界定，主要有四种观点：一是将学习环境视为一种学习场所、一种物理环境；二是认为学习环境是学习活动展开过程中赖以维持的情况与条件，情况指的是学习活动的状态，条件则包括物质条件和非物质条件；三是认为学习环境是各种学习资源的组合，学习资源包括信息资源、工具技术、人力资源等"硬资源"，也包括任务情境活动等"软资源"，建构主义尤其强调这一观点；四是将学习环境视为学习资源与人际关系的组合，这一观点强调了学习中有形资源与无形资源的整合。

在建构主义者看来，学习环境是建构主义教学设计的重要内容，国外对学习环境的定义很多，如威尔逊认为，学习环境更像是一个学习者在相互合作支持中使用各种学习工具和信息资源达到学习任务的场所。乔纳森认为，学习共同体一起学习、互相支持的空间是学习环境。学习者控制学习活动，并对遇到的问题，运用信息资源和知识建构工具去解决。乔纳森还认为，技术是支撑学习环境的工具，它支持着学习者在学习中的探索、建构和反思。他还强调了学习策略、认知工具和社会背景支持因素等问题。

结合国内外学者对学习环境的研究，我们可以得出一个结论：学习环境包括学习场所、空间、支持、技术工具、信息资源、共同体、建构性学习、情况与条件、社会环境等方面的因素，而且这些因素之间互相影响、密不可分。以学习者为核心，学习环境是指影响学习者主动构建知识认知及生成技能的外在因素。理解学习环境需要从以下几个角度考虑：

（1）学习环境概念中最基本的是以学习者为焦点。

（2）学习环境是一种促进学习的必要条件。

（3）学习环境的设计旨在帮助学习者更有效地进行学习。

（4）学习环境指的是学生在学习过程中所处的一种空间，其中包括了物质空间、活动空间以及心理空间。

（5）学习环境和学习过程是相互依存的概念，它们是一个不断变化的过程。学习环境综合了物质环境和非物质环境两个方面，其中涵盖多种学习资源以及人际交往与合作的因素。

（6）学习者在学习环境中拥有主导地位，并掌握学习的控制权。

（7）要提高学习效果，需要在多个方面得到支持，如利用信息资源和认知工具，以及教师和学生的协作，以此共同营造一个好的学习环境。

（8）学习环境有助于激发学生的主动性、好奇心和协作精神，从而促进自主、探究、协作或问题解决等不同类型的学习。

二、 小学信息技术学习环境的主要构成

根据上述理解，进一步可以将学习环境细分为物理学习环境、资源学习环境、技术学习环境、情感学习环境。

（一）物理学习环境

这里的物理学习环境包含自然因素和人为因素。自然因素包括学习的自然环境，如声音、空气、光线等，这些环境影响学习者的情绪与学习动机。人为因素包括网络环境、使用计算机情况以及网络的运行状况。相对于其他课程，小学信息技术课程的物理学习环境一般为典型的计算机网络环境，对声音、光线等方面要求高，教学设计者需要综合考虑上述可能影响学生学习效能的因素。

（二）资源学习环境

资源学习环境指涉及与学习有关的各种信息资料、工具和媒介。它们包括但不限于教科书、授课教案、参考资料、网络资料等，这些资源可以以不同的形式所呈现，如印刷、图片、音频视频及软件等，并且它们也可以被组合使用。在资源学习环境中，学生可以根据自己的需求和偏好选择不同的形式和媒介进行学习。随着数字化时代的到来，信息技术课程中所使用的学习资源具备了许多独特的优势，例如在存储、传输、提取、加工和呈现等方面。这也使得小学信息技术课的教学设计要求更高，能更好地利用这些学习资源是当前教师需要面对的挑战。教师需要整理和数字化学习资源，并将信息资源优化整合，以提高其易用性和共享性。同时，教师应当结合学习者的需求进行合理的组织。

（三）技术学习环境

技术学习环境是支持与领导整个系统合理高效运行的重要因素，要能够使学习者产生足够高昂的学习兴趣，建立好各功能模块的导航机制，这样有利于学习者在学习过程中能根据学习进程进行任意选择。

（四）情感学习环境

情感学习环境由三部分构成，分别是心理因素、人机交互和教与学的策略。影响学习的整体效果的心理因素有学习者的学习观念、情感、意志、学习动机。人际交互，也包括自我交互，它同样影响着学习者学习效率和学习状态。教与学的策略则是更直观地参与到学生学习中来。

从教学设计的操作层面来看，考虑到教学系统的要素分布以及设计流程的细化，可以考虑将学习环境的重点放在学习资源、学习工具、信息化学习环境三个层面：一是这三个部分与其他教学要素的设计不存在重复和交叉；二是情感学习环境作为一种动力机制，更多与教学模式、教学策略的选择及运用相关；三是对于小学信息技术教学而言，学习环境还要考虑硬件、软件系统环境，而不仅仅是常规的物理学习环境。

三、　小学信息技术学习资源的设计

学习资源是指在学习过程中可以利用的一切显现的或隐性的条件，包括信息、人员、资料、设备和技术等。本书具体分析小学信息技术学习资源的类型，不同教学媒体资源对教学活动的支持方式与作用，并掌握学习资源的制作与设计、教学媒体的选择方法与流程。

（一）学习资源的内涵

从教育理论、教育技术和资源建设的观点来讲，AECT（The Assocation for Educational Communications and Technology，AECT）是美国教育传播与技术协会对学习资源的定义，这为大家所公认。在 AECT 定义中，学习资源是支持学习的资源，可以包括能帮助个人有效学习和操作的任何因素，如所有能够支持学习者进行学习的工具、材料、设施、人员、机构等，从传统的教科书、印刷品，到各种现代教学媒体，再到网站、社会文化机构等。

学习资源根据表现形态的不同主要分为硬件资源和软件资源两类。硬件资源主要是专门的学习设备资源，如图书馆、博物馆、语言实验室等；软件资源主要是指各种多媒体学习资源或可利用的学习资源，如教科书、音频视频教材等。

（二）教学媒体资源对教学活动的支持

在计算机或网络环境下可操作的多媒体材料或教学系统被称为教学媒体资源，这些媒体资源有助于支持教学活动的顺利进行。它鼓励学生采用自主、合作和创造的方式进行信息检索和处理，以达到数字化学习的目的。《教育资源建设技术规范》发布自教育部教育信息化技术标准委员会，该规范将教育资源分为八个部分。

（1）媒体素材。教学信息传播的基本要素包括文字、图形和音频、图像等多种元素。

（2）试题。测试中使用的问题、选项、答案、评分准则和测试成果的总体，例如用于进行多种类型测试的典型成套试题。

（3）课件。两个或几个知识点实施相对完整教学的软件，根据运行平台划分，课件可分为网络版和单机版，它们旨在提供相对完整的教学体验。网络版课件要在标准的浏览器中运行，且能够通过网络学习平台与大家分享。单机版课件可以通过网络下载，然后在本地计算机上运行。

（4）案例。指涉及具有教育和现实借鉴意义的典型事件或现象，其呈现方式常融合多种媒介元素。

（5）文献资料。关于教育领域的制定的法规、条例、规章制度，以及对于重要事件作出的记载、重要文章、书籍等。

（6）网络课程。通过网络表现的某学科的教学内容及实施的教学活动的总和，主要涵盖两个方面：一是一定的学习目标和对应教学策略的教学内容；二是为网络教学提供支持的教学环境。

（7）常见问题解答。就某一领域的最常见问题提供详尽的答案。

（8）资源目录索引。分享某一领域相关的网上资源链接以及非网上资源的索引。

不同的教学媒体资源可以支持不同的教学活动。尤其是多媒体课件、专题学习网站和网络课程，它们以其丰富、多样的信息资源承载形式，灵活、方便的交互特点，将越来越多地应用于信息技术环境下多元"学与教"方式之中。

（三）学习资源的制作与设计

1. 多媒体课件

多媒体课件是根据课程标准的要求和教学的需要，经过严格的教学设计，并以媒体的多种表现方式和超文本结构制作而成的课程软件。

作为身处信息技术与教育深度融合时期的教师，课件的运用与制作已经是他们必须具备的一种能力。面对科技飞速发展的今天，学生学习知识的多面性、广泛性、自主性对学校教育提出了更高的要求，多媒体课件的合理使用可以极大地提升教与学的效率。

（1）多媒体基本要素

多媒体教学课件中的基本要素主要有如下几类：文本、图片（流程图、表格、线图、结构图形）、动画、音频和视频等。

第一，文本包含文字和表格两方面的内容。文字的大小、字体、颜色、样式甚至动态效果等都可根据需要设置或更改，多媒体课件具有文本规整、美观，显示速度快的优点。

第二，多媒体课件中的图片包括图形和图像两种，如流程图、表格、线图、结构图等。图片通常由扫描仪、摄像机等输入设备捕捉到实际画面并生成数字化的像素阵列，具有较高的色彩丰富度和光影变化，可以如实地再现生活场景（例如照片），同时也具备大量细节信息的表现能力，如具有明暗变化、色彩丰富的轮廓和复杂场景。由于其信息量比较丰富，因此在表现细节丰富的对象时得到广泛应用。尽管图像的质量与细节非常重要，但它们的文件尺寸通常很大，而且在进行缩放时，会很容易出现图像变形或者出现锯齿状的情况。

第三，多媒体课件中的动画可以模拟物体的运动和变化过程，能够生动地展示科学原理。动画是一种动态媒介，通过展现时间、位置、方向和速度的变化来呈现运动景象，这是静态图像所不能达到的效果。此外，经过创造性设计的动画更加具有生命力和趣味性，有助于激发学生的学习兴趣和积极性。

第四，多媒体教育软件常常使用多元化的音频元素，如音乐、语音以及各种音响效果。一般来说，这些音频使用波形音频记录声音，因此录制和播放的环境要求并不严苛。音频属于过程性信息，有利于限定和解释画面，它主要被用于语言解说、作为背景音乐和效果音。一个标准的发音解说和悦耳的音乐能够增强学生的专注力，提高学生的文化修养，启迪学生的思考，并激发他们的学习热情。在教学中，借助音频传达知识和信息，可有效激发学生的听觉学习兴趣和习惯，是必不可少的一种教学手段。

第五，数字信号常常被运用于多媒体课件中的视频。借助计算机的多媒体控制功能，可以对视频实现一系列操作，例如播放、暂停、快进、快退、单帧播、反复播放等。

视频可以展现事物的细节，特别适合向学生展示一些他们可能不太熟悉的事物。它所携带的信息十分丰富，极具感染力。一般来说，视频采用声音和图像结合的方式，也就是在呈现画面的同时，会伴随着解说或背景音乐。当然，视频可以传达丰富多彩的图像，但也可能包含大量与学习无关的内容，如果不进行过滤和辨别，这些信息将会对学习造成干扰。

（2）多媒体课件设计与开发的基本程序

为了克服教学设计与软件开发割裂的弊病，在此我们采用瀑布模型作为课件设计与开发的操作程序，如图 3-3-1 所示。把开发过程划分为需求分析评估、结构设计评估、程序开发评估、部件生产评估、系统集成评估和综合集成评估六个步骤。

多媒体课件是为了解决教学中的重点和难点而开发的，因此是针对具体的知识点。在需求分析评估中，要对知识点的学习目标进行分析，在进行学习内容分析和学习者分析的基础上，认真选择和设计学习策略，编制对学习者学习过程和学习结果的评价工具；在结构设计评估中，要考虑学习内容呈现的顺序与方式，学习者与学习内容、学习环境、学习资源的交互方式，以及学习者与学习者、学习者与教师的交互方式，做好课件界面的设计，以便学习者的使用。

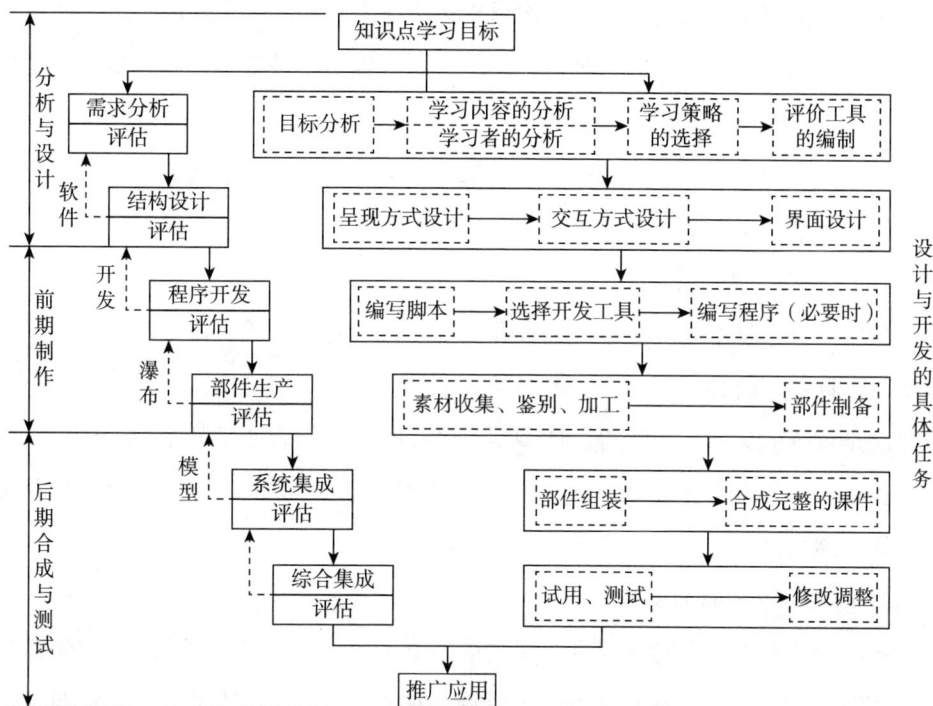

图 3-3-1　多媒体课件设计与开发的操作程序

至此，与教学设计相关的任务宣告完成。随后进入多媒体课件的前期制作、后期合成与测试阶段，具体方法和要求将在相关的课程中进行学习。

2. 微型学习资源的设计

随着社会的发展、科技的进步，泛在学习、移动学习、个性化学习逐渐成为现实。泛在学习、移动学习、个性化学习的特点就是：不受时间、地点限制，随时随地都可以进行学习。因此，短小精简、高效的微型学习方式应运而生。

（1）微型学习的内涵

微型学习（micro learning）是以特定的学习目标为依据，具有时间短（一般在 10 分钟左右或更短）、内容精练（一般只涉及一个知识点或一个具体问题）等特点，是在信息化环境下，充分发挥学习者主体作用的一种学习活动。

微型学习具有以下主要特点：

第一，微型学习容量小，目标明确，具有相对独立性；

第二，微型学习时间短，使学生可以集中注意力解决一个问题；

第三，微型学习内容的选择范围广泛，既可以是学科教学内容，也可以是促进学生全面发展的内容；

第四，微型学习以学生为中心，重视学习情境、资源、活动的设计；

第五，现代微型学习是在信息化环境支持下进行的。

（2）微型学习的设计

微型学习由学习资源、学习过程和教学评价三要素构成。微型学习资源是经过专门设计的、内容相对独立完整的学习材料，既可能是在网络上运行的平台，也可能是传统的文本、图片等。微型学习过程既可以作为课堂教学过程中的一部分，也可以是学生自主学习活动中的组成部分。微型教学评价包括学习过程评价、学习结果评价和学习资源评价。

3. 微型学习资源的制作

微型学习资源的种类主要有：图文微型学习资源（文本和图表）；PPT 微型学习资源（含 Flash）；视频微型学习资源（微视频）；富媒体微型学习资源（多种媒体组合）；融媒体微型学习资源（增强现实浏览器）。微型学习资源的制作可以借助各种视频处理软件和设备，主要方法如下。

（1）用 PowerPoint 软件制作

最简易的方法就是直接将 PowerPoint 课件内容转化为视频文件，这要求 PowerPoint 课件设计者在设计内容的时候充分考虑微型学习的需求与特点，不能简单地把上课使用的 PowcrPoint 课件转换为微型学习资源。

①PowerPoint 课件自动播放。教师可以为做好的 PPT 加上解说、音乐、设置好每一幅的放映时间，做好相关链接，在使用时进行自动播放。

②利用 PowerPoint2010 版的视频转换功能，把 PowerPoint 课件转化为视频文件。

这种方法的优势在于不依赖任何外部设备，不足在于只针对 PowerPoint 课件内容。

（2）便携式设备拍摄（手机+白纸）

使用具有视频摄像功能的手机以及一沓白纸和几支不同颜色的笔、相关主题的教案即可。主要方法是使用便携摄像工具对纸、笔结合演算以及书写的教学过程进行录制，过程如下：

使用一部带摄像功能的手机搭配白纸和彩笔，并准备一个对应的主题教案就可以轻松地制作教学视频。核心措施是运用轻便的摄像设备记录教师在教学过程中手握纸笔结合演算、书写的情形，过程如下：

①对于微型学习主题，需要进行详细的教学设计，以此制作教案。

②可以在纯白的纸面上使用笔来演示教学流程，这样可以进行画图、书写、标记等操作。借助其他人的协助，通过手机记录教学过程。尽可能保持清晰的口头表达和稳定的视觉呈现，确保演算过程符合逻辑，从而使解答或讲解过程更加易于理解。

③对于视频内容，可以进行必要的编辑和润饰。

这种优势是工具随手可得，劣势是录制效果不佳，无法达到高质量的声音和图像效果。此外，它只能用于手写内容的展示，而不能实现其他多种效果。

（3）屏幕录制（屏幕录制软件+PowerPoint 软件）

使用屏幕录制工具和软件需要以下物品：电脑、耳麦（带话筒）、Camtasia Studio 或其他微课程制作系统、PowerPoint 软件。采用屏幕录制技术，结合录音和字幕，制作演示 PowerPoint 课件的方法，步骤如下。

①为了传授选定的教学主题，需要收集有关的教学材料和媒体素材，制作 PowerPoint 课件；

②在电脑屏幕上，同时开启 Camtasia Studio 或者微课程制作系统、PowerPoint 课件，以录制视频。教师应佩戴合适的耳麦，正确调整话筒的摆放和音量，以及调整好演示文稿和屏幕录制界面的位置。接下来，点击"录制桌面"按钮，开始录制。教师可以在演示时加入讲解，并结合标记工具或其他多媒体素材，为教学增添趣味性，使学习过程更加生动。

③对于制作完整的教学视频，还需要进行必要的剪辑和优化处理。

这种方法的优势在于记录过程简单高效，只需要使用个人电脑就能完成。但劣势在于 Camtasia Studio 软件的应用较为复杂，手写功能也不可直接使用，需安装配套软件后方可实现。因此，它在教学应用的针对性上略显欠缺。

（4）专业微课制作软件（专业微课程制作软件+手写设备）

目前市场上出现了多种直接支持微型学习资源（微课）录制的专业工具，其中，"微讲台"微课程制作系统是一种代表性的专业微课程制作软件，使用者只需要配合数码手写笔或手写板，就可以方便地实现自己原始的手写笔迹录入。借助"微讲台"微课程制作系统，使用者可以进行分段式录制，同时讲解演示并同步录制教学过程。步骤如下所示：

①详细设计对微型学习主题的教学，并形成教案；

②做好在微讲台软件里对不同的教学对象的布局；

③在教学过程中，运用"微讲台"微课程制作系统同步录制；

④编辑和美化的工作步骤。

运用这种方法自然有其道理，它制作系统操作简单，使用风格符合用户习惯；对于各种教学资源和素材都能游刃有余地调用；真实还原黑板授课模式；使用者不再烦恼语音和视频的合成和编辑，能够不费力地生成多种格式的视频文件。但在视频编辑功能上和专业的视频编辑软件方面还是存在差距。

（5）专业视频工具拍摄（摄像机+黑板或电子白板）

专业摄像设备能够通过高清晰设备多机位设置微型学习资源，在拍摄过程中，主要工具包括专业摄像机、黑板（或电子白板）、粉笔、其他教学演示工具等。制作者在使用上述工具时，同步开启对教学过程的摄像，并进行后期编辑即可完成。步骤如下：

①详细设计对微型学习主题的教学，并形成教案；

②运用便携式录像机，拍摄教师使用黑板展开的教学过程；

③对于制作完整的教学视频，还需要进行必要的剪辑和优化处理。

这种方法的优势是可以高质量录制教师画面，教师按照以往熟悉的教学方式授课，教师画面与黑板上的教学内容同步；劣势在于需要准备专门的演播环境、设备，对于环境要求很高，造价不菲，要想完成微课视频的拍摄需要很多人力，因此，效率不高，后期编辑也需要专业人士操作。

4. 微型学习资源的评价

微型学习资源评价量规如表3-3-1所示。

表 3-3-1　微型学习资源评价量规

评价项目	高级	中级	初级	满分	得分
结构	内容结构十分明确，语言引导到位	内容结构较为明确，有一定语言引导	内容结构基本清楚	40	
画面	画面流畅，字迹清晰，声音清晰，能够表达内容重点，文字和声音匹配	画面较为流畅，主要内容字迹清晰，声音较为清晰，能够表达内容重点，文字和声音匹配	画面有停顿，字迹模糊，声音含糊不清，文字和声音基本匹配	20	
文字	文字在画面中的布局合理	文字在画面中的布局较为合理	文字杂乱地呈现在画面上	20	
语言	语言生动幽默，画面可视化，教学设计具有创新性	语言较为生动，画面清晰，教学设计流畅	语言平淡，画面较为清晰，教学设计基本流畅	20	

（四）教学媒体资源的选择

当学习目标确定后，组织教学活动中教师要做的一项重要工作就是对教学媒体资源的选择。

1. 选择教学媒体资源的依据

对教学媒体的选择一般要考虑各种教学媒体资源的功能特性和教学的实际需要，将两个方面结合起来加以分析，决定取舍。具体地说，要注意以下几点。

（1）依据学习目标

每个单元、每个课时都有确定的学习目标。想要达到学习目标，教师常常需要使用不同的教学媒体资源来传输教学信息，才能使学生理解一些概念、原理或掌握一些技能等。

（2）依据教学内容

教学内容不同，对教学媒体资源也有不同要求。如有的内容为抽象的结论及概念间的相互关系，则可用投影仪去表现；有的内容需要反映事物或现象的运动、发展状况，那么电影、电视就是适宜的媒体。

（3）依据学生的需要和水平

学习者有不同发展阶段的特征，他们在不同的发展阶段有着不同的认知能力和思维特点。如小学生的认知特点是以直观形象思维为主，注意力不易持久集中，针对他们的认知特点，教师采用的媒体要生动形象、色彩鲜艳，这些比真实角色更能吸引学生。

（4）依据特定的教学条件

对媒体的选择还要考虑：技术问题，即使用某种媒体是否方便，教师自己能否操作、控制；制作问题，学校现有的条件能否提供必要的设备和软件支持；学习环境问题，即教学的地点和空间、教室内的条件是否有利于使用媒体等。

2. 选择教学媒体的方法

人们在大量的媒体应用实践中逐步总结出了一些选择媒体的方法、程式或模型，主要有问题表、矩阵式、算法式和流程图四种模型。这里简单介绍一下问题表的方式。

问题表实际上是列出一系列要求媒体选择者回答的问题，通过对这些问题的逐一回答，来比较清楚地选择适用于一定教学情景的媒体。以下面的一组问题为例：

（1）所需媒体是用来提供感性材料还是提供练习条件？该媒体是用于辅助集体讲授还是用于个别化学习？

（2）媒体材料与学生的认知水平一致吗？

（3）教学内容是否要进行图解或图示的处理？

（4）视觉内容是用静止图像还是活动图像来呈现？

（5）活动图像要不要配音？是用电影还是电视来展现视听结合的活动图像？

（6）有没有现成的电影或录像以及放映条件？

问题表列出的问题根据实际情况可多可少。这种模型出现较早，并为选择其他一些模型奠定了基础。

3. 选择教学媒体资源的程序

教学媒体资源的程序的选择根据个体选择媒体时考虑因素的差异而呈现出其

多样的特征，思考问题的角度决定了设计的选择方案。选择教学媒体资源的程序一般分为三个步骤，如图 3-3-2 所示。

（1）在确定学习目标和知识点的基础上，首先确定使用媒体要达到的目标；

（2）选择媒体类型；

（3）选择媒体内容，媒体内容是指把教学信息转化为对学习者感官产生有效刺激的符号。媒体内容选择可通过选编、修改、新制三种途径进行。

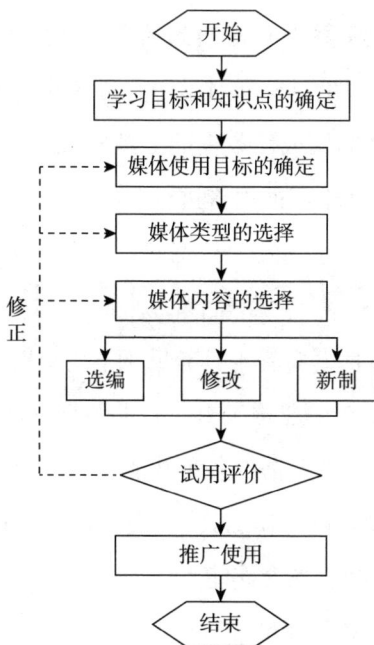

图 3-3-2　教学媒体选择程序

四、 小学信息技术学习工具的利用

学习工具是指帮助学习者获取、加工、保存信息的认知工具。本书将要解决三个核心问题：基于信息技术的认知工具如何分类？小学信息技术教学中有哪些可供选择的学习工具？如何使用各种新型学习工具实现学习目标？

（一）学习工具的内涵

学习工具可以视为促进学习的认知工具。相对而言，认知工具是一个比较专业的学术词汇，本书基于教学视角，采用学习工具这一概念。

学习工具并不是某种新的产品，而是对某些计算机软件的重新归类，是指那些能让使用者利用它们进行积极思考的软件工具，是一种促进认知的工具。学习工具提供环境和设施，要求学生在所学课程领域主动努力地思考，产生自己的想法，进行知识建构。

（二）基于信息技术的学习工具的分类

美国著名教学设计专家乔纳森提出的信息技术学习工具的分类影响最为广泛，他把各种信息技术学习工具，即对学习有帮助的工具，分为以下六类。

（1）语义组织工具（问题或任务表征工具）。语义组织工具主要帮助学生对他们学习过已了解的和正在学习的内容进行分析和组织。

（2）静态/动态建模工具：静态/动态建模工具主要起到帮助学生去描述概念间的关系。

（3）信息解释工具：信息解释工具有助于学生获取信息和处理信息。

（4）知识建构工具：知识建构工具可以帮助学生反思对概念的理解，而且还可以让学生掌握作为设计者所需的各种技能。

（5）交流合作工具（协同工作工具）：交流合作工具有助于学生对于问题进行交流学习，培养学生的社会性合作能力。

（6）绩效支持管理工具与评价工具。

（三）常见的学习工具

1. 数据库

数据库系统是一种有效的学习工具，属于语义组织工具。数据库的建立和操作本身就是一种建构的过程，即学生积极地参与知识表示的过程。学生可利用数据库系统进行学科内容分析和组织，实现概念之间的联系，建立字段和记录以反映这些联系等。这些都是对信息进行思考、处理的过程，使得学生更有效地理解学习的内容。

将数据库运用于实际学习中大致可分三个不同的层次：最简单的应用就是教师建立好数据库，让学生加入数据。例如，第一个层次，教师在课堂上要求学生查阅教材或网络，将搜寻到的有关多媒体信息的分类、文件格式、文件大小、应用范围等特征信息填入教师建立的空数据库中；第二个层次，由学生在自己建立的有关多媒体知识数据库中建立数据结构，将查找的相关信息插入到适当的字段和记录中；第三个层次，学生要查询数据库和对数据库进行排序等，以便能更好地应用数据库实现对学科知识的查询进行应答或确定知识间的相互关系，进行推理等。

2. 概念图

概念图是指利用图示的方法来表达人们头脑中的概念、思想和理论等，是把人脑中隐形的知识显性化、可视化，便于思考交流和表达，属于问题、任务表征工具。常见概念图工具有 Inspiration，Kidspiration，Mind manager，Cmap Tool、Map Maker、Mind Mapper 和 Thinking Maps 等，其中 Inspiration，Mind manager 最常用。

教师可以使用概念图工具来辅助教学设计，整理教学思路，设计出更为新颖、有效的教学方法。而学生则可以便捷地利用概念图工具把学生头脑中概念的层级式空间表征及其相互关系采用节点和链接的方式绘制出直观的概念图，这种绘制概念图的学习策略用清晰明了的概念网络的形式帮助学生标识、联系各种概念间的关系，便于学生能清晰地描述概念间关系的本质。

概念图可以作为对学生学习的评价工具。它可以直观地通过几个概念图先后的变化展现学生思维的变动，清晰地展现了学生学习知识的建构过程，有利于提升学生的认知能力。在中小学的教学中应大力推广、广泛使用概念图工具。

3. 电子表格

电子表格可以输入输出、显示数据，也可以利用公式计算一些简单的加减法；可以帮助用户制作各种复杂的表格文档，进行繁琐的数据计算，并能对输入的数据进行各种复杂统计运算后显示为可视性极佳的表格。它是计算机化的数字记录跟踪系统，属于一种动态建模工具。它也可以作为一种学习工具，电子表格可以做出用计算表达的数学模型，将隐含的逻辑关系呈现给学生，促进学生对相互关系和过程的理解。建立电子表格要求学生进行抽象的推理，并成为规则的制定者。

4. Flash、Photoshop、Painter 等知识建构工具

信息技术环境下，有助于学生知识建构的工具平台非常多，如可以利用汉字输入和编辑排版工具，培养学生的信息组织、意义建构能力；利用"几何画板""Flash""Painter"等工具，培养学生创作作品的能力；利用信息"集成"工具，培养学生的信息组织、表达能力与相应品质；借助网页开发工具，学生可以制作属于自己的网页，有利于培养学生对信息的甄别、获取和组织能力。

5. QQ、电子公告板等交流合作工具

伴随信息技术的蓬勃发展，越来越多的基于互联网通信技术的交流出现在课堂上，它们能支持学习的社会性协商过程，比如 QQ、电子公告板等交流合作工具，它们可以支持学生间的信息收集和人际交往。在线交流合作工具让学生能以有意义的方式参与交流，学生不能只机械地记忆老师传授的知识，他们要就讨论的课题发表自己的观点。

（四）新型学习工具及其应用

随着信息技术的不断发展，学习工具也在不断地发展。当前在学校中使用的笔记本电脑、移动学习机、平板电脑、智能手机等，为信息技术课程教学和学生学习提供了丰富的工具。新型学习工具有利于支持探究性学习的各个过程，在帮助学生收集和整理资料、观察记录和分析实验中的数据、表达结果、交流合作等方面具有明显优势。

1. 平板电脑

平板电脑总体定位应该是一种介于手机和笔记本电脑之间的娱乐和上网终端。通过平板电脑可以实现浏览互联网、收发电子邮件、观看电子书、播放音频或视频等功能。

平板电脑的一大特点就是好看且易用，对电脑不熟悉的用户都可以轻松上手，对于小学生而言使用较方便；长时间的待机性能、触摸屏都加大了平板电脑的易用性，触摸屏让操作非常直接便捷，即便是对于习惯使用鼠标和键盘的用户来说也不难使用，有着很强的趣味性。

2. 智能手机

所谓智能手机，是指像个人电脑一样，具有独立的操作系统，可以由用户自行安装软件、游戏等第三方服务商提供的程序，通过此类程序来不断对手机的功能进行扩充，并可以通过移动通信网络来实现无线网络接入的这类手机的总称。简单地说，智能手机，就是一部像电脑一样可以安装和删除软件的手机。

3. 社会性软件

社会性软件是指能够帮助人们汇合、联系与合作的中介传播工具，这些工具的使用有助于推动网上社区的形成。社会性软件首先是个人软件，是个人参与互联网络的工具，个人软件突出了个体自主性的参与和发挥。

社会性软件在学习上有很多用处，主要表现在以下方面。

（1）快速获取信息，提升学习质量

随着软件智能性的提高和界面友好性的增强，社会性软件的使用将会日常化，利用它学习者能快速从网上获取信息。例如，通过博客上的链接，同学间能够对最新的信息进行处理与讨论；使用 RSS（really simple sydication，简称 RSS）还能将各博客的内容聚合起来，使用者能够得到更多适合自己的资讯。另外，当学生使用博客学习时，必须要进行撰写工作，这样将思考与操作结合起来，可以积极调动自己的归纳、分析、判断和数字化表达能力，按照自己的认知方式和学习风格进行表达，无形中对知识进行了二次加工，加深了对知识的理解和运用。

（2）分类存储和处理信息，实现个人知识管理

对个人拥有的信息进行有效的分类和管理，是信息时代每个人应具备的一种能力。社会性软件的使用在这方面给人们提供了方便。例如，Tap 允许用户自由选择关键词对网站进行更为灵活的分类，且这种分类融合了使用者的思想，允许系统依照用户行为所产生的自然方式进行检索。过去，人们通过下载、复制等方式保存网页，Diigo（digest of internet information，groups and other stuff，Diigo）中的 Socia Bookmark（社会化书签）给用户提供了新功能，可以把喜爱的网站随时加入自己的网络书签中，并可与他人共享。即每个用户都可以与别人共享各自保存的链接，还可以用多个关键词标识和整理自己的书签，实现个人知识的管理。

（3）方便信息交流和资源分享，促进知识建构

学习过程从独白走向对话、从个体走向合作，在分享中实现认知，在认知中

促进共同发展，这是社会建构主义学习论所倡导的。社会性软件的使用可以有效地支持这样的学习过程。例如，学生在利用社会性软件学习的过程中，可以不断使思考结构化、认识清晰化，促进思维的发展。在理解的前提下，只有进行主体间的交流，才能产生真正意义的对话，并在自我讨论和相互讨论中去发现与对方的差异和内在的统一，最终使双方在一种新的集体中相互结合起来，从而促进更广范围的知识建构和集体智慧发展。

五、 小学信息技术信息化学习环境的构建

（一）信息化学习环境对教学活动的支持

信息技术的发展，改变了传统的粉笔加黑板这种单一的学习环境，构建了多媒体教室、网络教室、专用教室，以及校园网络环境和互联网环境，使学与教的活动可以在各种适宜的信息化环境中展开。多媒体教室实现了让教学资源随机呈现的便捷；网络教室使学生可以根据海量的网络资源，利用信息技术工具做到自主学习和研究性学习，并且不受时间地点的约束；专用教室可以满足特殊学习活动的需要。

学校中的信息化学习环境除去上述的教室外，还包括教师电子备课室、校园网与学校主控室、录播教室、区域综合性应用平台等公共教学服务环境。通过对信息化学习环境的选择，我们可以充分利用现有的信息技术软硬件条件，为学生创造更优质的教学环境，为教师的教学活动提供支持和保障。

（二）典型的信息化学习环境

随着电子白板的普遍应用，带有电子白板的多媒体网络教室也逐步进入学校，应用于各学科的教学中。

1. 电子白板

电子白板，又称是电子交互白板，是一种新的高科技电子教学系统。它是由硬件电子感应白板和软件白板操作系统集成。电子白板集传统的黑板、计算机、投影仪等多种功能于一身，使用非常方便，可以实现无纸化办公及教学。电子交互白板技术在如今的教学活动中，为师生带来了便利，无论是课堂互动，还是师

生互动、生生互动，都有着传统黑板不能比拟的优势和可操作性，这也为建立以学生学习为中心的课堂教学奠定技术基础。

交互式电子白板有很多便利的功能提供，比如画图、批注、自由书写以及制作各种各样的电子课件等。在教学活动中的应用主要有以下三点：

（1）不再使用粉笔或鼠标。使用中可以使用专门的白板笔或者手指即可操作，教师和学生免除了传统书写工具——粉笔的危害，也能节省资源，全面实现健康、环保、节能的教学模式。

（2）便于利用多媒体资源。丰富的多媒体资源，有了用武之地，这极大地开阔了学生的视野，并且在使用中还能随时书写或标注。教学活动也可以保存成录像，方便学生复习以及方便教师复盘教学活动，提高教学水平。

（3）强大的计算机多媒体工具。利用交互式电子白板扩展、丰富了传统计算机多媒体的工具功能，提高了视听效果。电子白板有拖放、照相、隐藏、拉幕、涂色、匹配、即时反馈等功能模块，它呈现的视觉效果和听觉效果都优于传统教学，改变学生对学习枯燥无聊的印象，加强了学生自主学习的动力。

总而言之，采用交互式电子白板系统，体现了科技改变生活的畅想，并提高了教与学的质量，有助于实现真正意义上的互动式教学模式。

2. 白板多媒体教室

典型白板多媒体教室由交互式电子白板、交互式电子白板和计算机软件、资源库、投影设备、扩音设备、计算机等组成。在信息技术教学中，典型的教学应用模式包括：

（1）教师通过交互式电子白板展示学习情境、学习内容和范例；

（2）教师通过交互式电子白板提出小组协作任务要求；

（3）学生通过交互式电子白板完成协作任务；

（4）教师及时修改完善小组学习成果；

（5）交互式电子白板记录、展示小组的协作结果。

第四节　信息技术课型与教学设计

人们为了教学和研究的方便，按照规定的标准和方法，对课的类别进行分类，这就是课型，泛指课的类型或模型。显然不同的课型特点都有着不同的教学规律，我们研究课型是为了教师能更好地掌握各种类型课的教学目的、结构以及方法等方面的规律，帮助实现提高教师教学设计、实施和评价的能力。

一、　小学信息技术基本课型

（一）课型的概念与分类

王策三教授认为，课型是由不同类型的课组成的课的体系，那种包括掌握知识过程的全部或大部分环节、工序的课，是综合课；那种只承担一道或两道工序的教学任务的课，是讲授新教材课、复习课、练习课、实验课或测验课等。具体到某一特定类型的课中，由于它有不同的更为具体的阶段、环节、步骤，这就是课的结构①。

李秉德主编的《教学论》指出，课的类型是指根据教学任务而划分的类型，有单一课和综合课两大类型。单一课是指一节课内主要完成一种教学任务的课；综合课又称混合课或复杂课，是指一节课内要完成两种或两种以上教学任务的课。课的结构是指课的组成部分（又称环节）及各部分进行的顺序和时间分配。由于课的类型不同，课的结构也不同，每一种类型的课都有一定的结构。

伊·阿·凯洛夫任主编的《教育学》是一部对我国教育教学具有重大影响的著作，该书认为课的内容是根据它的主要教学目的来发挥的，而教学目的又在根本上决定着教学方法的选择。因此，课型是指根据课的主要目的的特点得出来的课的分类，其类型主要有：讲授新教材的课，巩固知识、技能、技巧的课，检查知识、技能、技巧的课，混合课。

目前我们所分析的课型，通常是以学科课程为课程形式，以班级授课制为教

---

① 王策三．教学论稿［M］．北京：人民教育出版社，2005.

学组织形式，依据教学任务、内容属性以及学生发展规律等来划分的。分类标准不同，课型也会有所差异。一般可以从课的性质、教学任务、教学内容、教学组织形式和教学方法等方面去划分。举例来说，如果按照教学任务划分，课型可以分成新授课、复习课、练习课、活动课、检测课等；如果按照教学方式来划分，则可以分成讲授课、讨论课、探究课、自学课等。

当然，每一类课型又可再分为若干个亚型。例如，自然科学课型中的新授课，按内容的不同可再分为：(1) 以"事实学习"为中心内容的课型；(2) 以"概念学习"为中心内容的课型；(3) 以"规律学习"为中心内容的课型；(4) 以"联系学习"为中心内容的课型；(5) 以"方法或技能学习"为中心内容的课型；等等。

课型是具有一定的特点和教学的基本规律的，不同的课型其特点和教学的规律也会有所不同。例如，新授课和复习课的教学方法有所差异；同是语文课，教学内容不同，面对议论文、记叙文、古诗文的不同文体，教学方法应该有别；同是数学课，面对概念、公式、例题的不同形态，教学方法也应有所不同。

把握一门学科的基本课型，研究每种课型在教学目的、教学过程、教学方法等方面的基本规律，有助于我们更好地理解课程的内容，有助于在进行教学设计时更好地把握并自觉地遵循这些特点和规律，从而更好地服务于教学。

(二) 小学信息技术常见课型的特点

下面以教学任务和教学内容属性作为课的分类标准来为大家介绍小学信息技术课型的分类及其特点。

1. 以教学任务为分类标准

依据教学任务的不同，小学信息技术课可以分为新授课、复习课、练习课和综合应用课。

(1) 新授课

新授课是小学信息技术最常见、最基本的课型，以学生掌握新知识、新技能、新方法为主要任务。新授课的主要特点为：

①生疏性。新授课的特点是"新"，通常是指学习内容是"新鲜"的，对于

学生来说是生疏的。对于小学信息技术课程来说，"生疏"的程度会有所差异，主要表现在：一是新授课将要学习的知识、技能或者所使用的软件、硬件等是之前没有接触过的，对于学生来说是陌生的；二是将要学习的内容并不是全新的，而是有过一些接触，但是没有完全弄懂或者掌握不到位的，所以学生在学习过程中对新知识、新内容具有生疏感。

在新授课教学过程中要准确把握这些"新鲜"知识。当然，新知识不都是难点，所以要分清主次，把握教学的重点或难点，启发引导学生掌握好这一点"新"，使学生在认知方面要有一点"新"的发展。一节新授课质量的高低，直接影响着学生对新教学内容的掌握程度和认知结构。

②新颖性。儿童本性好奇，特别是对新鲜的事物有极大的兴趣，容易被新鲜事物和新异刺激所吸引。新授课的内容，包括新授课中未使用过的软件或者新的功能、新的操作等，这些都会使儿童产生浓厚的兴趣。

③实践性。大多数小学信息技术的新授课都是需要学生通过亲身实践、操作、体验才能够习得的，这个特点决定了新授课的教学一定要安排充足的时间让学生操作和练习，这种操练不应只是一个层次、一种水平的实践，一定要结合具体的操作提炼出一般的操作方法和规律，帮助学生掌握适应快速发展的信息技术本领。

（2）复习课

复习课的主要任务是对一阶段所学知识进行归纳、整理，使知识系统化、条理化，提升学生的技能、学习能力和解决实际问题的能力。复习课具有温故知新、查漏补缺、完善认知结构、提升能力的功能。复习课可分为专题（专项）复习课、单元（章节）复习课、期末总复习课等。

复习课的主要特点是：

①重复性。小学信息技术复习课是在学生学完了课程的某一课或某一单元或全部内容之后进行的，因此内容具有重复性，但不能因为知识的重复而降低学生的学习动机，更不能将复习课片面地演绎为知识的简单堆砌和技能的重复操练。另外，每课时复习的内容、容量及难度、教材都没有明确规定，加之小学阶段不存在中考和高考等明确的目标，这就要求授课教师要根据学生的学习情况确定，这是复习课与新授课最显著的区别，也是小学信息技术复习课与其他学科复习课

的差异。正是由于这种教学内容的重复性和不确定性，增加了小学信息技术复习课的难度。

②容量大。信息技术复习课时，由于时间较短，故每节课的知识点技能点容量都较新授课要大得多，因此高密度、大容量、快节奏便成为复习课的一个重要特点。

③复杂性。信息技术复习课是介于新授课和综合实践课之间，又有别于单纯的练习课，因此其知识运用背景的复杂性也介于两者之间，应在任务的复杂程度上逐级递增，让学生有一个适应的过程。

（3）练习课

练习课以促进学生对所学新知识的巩固、理解、应用与深化，进一步培养和形成学生技能、技巧为主要任务，是新授课的补充和延续。练习课因选择分类基点不同，可以有不同的分类。例如，根据练习课的教学目的和任务可分为：巩固性练习课、综合性练习课、复习性练习课、操作性练习课、探究性练习课和思维性练习课等。

练习课的主要特点为：

①目的性。练习课教学要有明确的目的性。在练习中巩固哪些知识、形成哪些技能、建立哪些联系等，是练习课教学首要考虑的问题。练习中要把练习的意图集中地体现出来，要做到有的放矢、主旨鲜明，要注意克服随意性和盲目性。

②层次性。儿童的认知发展是由浅入深、由表及里、由简单到复杂的过程。因此，练习安排要循序渐进，由易到难，由简单到复杂，螺旋式上升。有层次与合理的梯度，才能使学生产生拾级而上、步步登高的愉悦感，才能兴致盎然地学习知识，让知识向能力、智能转化。

③多样性。小学生因年纪小的缘故，好奇心比较强烈。普遍厌烦重复性的练习，而且注意力不容易集中，集中时间不长。在练习过程中，如果只是一味的巩固强化、重复性训练，会导致学生对知识的获取不积极，产生厌烦的心理，丧失学习兴趣。如果能采用多样百变的教学形式，符合学生的心理需求，那么能在一定程度上促使学生对知识的获取保持积极的态度，有助于学生本能地去学习知识，从而提高他们认识的深度和应变能力。

（4）综合应用课

综合应用课（简称综合课）是信息技术课中非常有特色的课型，体现了信息技术的应用性特征。通常是在学生掌握了一定的基本知识和技能的基础上，要求学生充分运用本模块的功能及相关知识内容完成一个电子作品。

综合应用课的主要特点为：

①综合性。小学信息技术课的教学内容通常是以"模块化"的形式出现的。每个模块中包含着许多相关的基本知识与技能，这些内容是零散甚至毫不相关的，因此学习起来比较琐碎。学生在学习过程中，并不能体会到各节课内容之间的关联性，由此建立起来的知识结构也不是很系统。只有通过纵向的贯通才能使零碎的知识点归结到一个主线上来。

例如，在学完"小小编辑"（主要内容为文字处理软件的使用）这一单元后，教师会安排一次综合应用课，要求学生利用文字处理软件制作电子小报、贺卡等，通过综合作品的制作，将之前所学习的单一的、零散的技能运用起来。

②应用性。综合应用课的应用性一方面体现在对已学习的知识和技能的综合运用；另一方面体现在利用所学习的知识，解决日常学习生活的实际问题，体现信息技术的应用能力。因此，在综合应用课的设计中，教师要在教学内容的选择上重点突出与日常学习和生活紧密相关的知识和技能，让学生学习之后能够在日常生活中找到它们的用武之地，充分体会到信息技术给他们的学习和生活带来的便捷和快乐。

综合应用课与复习课的区别在于，综合应用课的主要目的是应用，而复习课的主要目的是知识的梳理。

③复杂性。综合应用课涉及的知识和技能更多，也更能够解决一些复杂的问题和任务，因此知识运用的背景也更加多样。教师在设计时既要有复杂任务的设计，也要结合小学生的特点，适当对任务进行分解、引导。

除了上述介绍的课型之外，还有讲评课、操练课等课程形式。

2. 以教学内容属性为分类标准

（1）理论课

小学信息技术课中的理论知识包括相关概念、原理等基本知识点。如果从这个角度讲，信息技术课程的每一节课都会涉及理论知识的讲授。但是，这里所指的理论课，是指以知识为主要内容的一种课型，在小学信息技术课型中所占的比例并不大。

小学信息技术课中所涉及的理论内容一般并不是特别难，但是有些概念，如计算机输入、输出设备、存储设备、中央处理器等，对于小学生来说还是有一定难度的，所以直观的演示、体验、感知等教学方法的运用就显得非常重要。

理论性的课程被公认有枯燥乏味的"弱点"，但是一堂课的成功与否，关键还在于教师对课的设计。因此，教师应将抽象枯燥的内容趣味化、形象化，以促进学生的理解与掌握。

（2）技能课

技能课是一种以计算机操作技能和应用软件操作为主要教学内容的课型，其主要目的是培养学生使用计算机及操作各类应用软件的能力。从课时上看，小学信息技术课中技能课所占的比例较大。

技能课的主要任务是技能训练，即在反复的练习中熟练操作，进而掌握技巧，总结规律并形成能力迁移。针对技能课操作性强，需要不断反复练习、操练等特点，我们建议可以采用讲练法（先讲后练、边讲边练等）、演练法、教练法以及任务驱动教学法等开展教学。

（3）作品制作课

作品制作课是把作品制作作为授课主要任务的一种课型，旨在让学生经历比较完整的信息技术过程，根据实际问题的要求，应用信息技术去完成一个相对完整的作品，或者完成其规划、设计、制作等不同的阶段。作品制作课的基本模式是，学生从某一现实问题或主题出发，经历完整的作品规划、设计、制作和评价的过程。作品制作课中常用的方法是任务驱动法，常见的教学组织形式是分组合作。

二、 小学信息技术新授课教学设计

小学信息技术新授课教学是课堂教学的重头戏。新授课是以新知识、新技能、新方法等为主要任务的一种课型，授课的内容往往是学习后续知识的基础。

（一）小学信息技术新授课的分类

从学科内容的特点及逻辑结构划分，一般可将小学信息技术新授课分为基础知识、基本操作和应用软件三种主要课型。

1. 基础知识新授课

基础知识新授课是以学生学习掌握信息技术课程的基础理论知识、激发学习信息技术兴趣为目的的一种课型。小学阶段教学内容涉及的基础知识包括：信息技术基本工具的作用，如计算机、雷达、电视、电话等；计算机各个部件的作用，如键盘和鼠标在计算机系统中的作用；多媒体的概念和类型；信息技术相关的文化、道德和责任等。

这一类学习的特点具有一定的概括性和抽象性，较之具体形态的知识，在难度上相对高一些。因此，如何降低难度、帮助学生克服基础知识的抽象性，成为这一类新授课教师设计教学的重点所在。

2. 基本操作新授课

基本操作新授课是以形成正确使用计算机的基本操作技能为目的的一种课型。例如小学阶段教学内容中涉及的基本技能包括：汉字输入、操作系统的简单使用、文件和文件夹（目录）的基本操作等。

这一类学习的特点是其本身具有较强的操作性和实践性。需要注意的是，这些操作并不都是零散的，很多操作具有相似性，因此在设计时需要注意总结一般的操作方法，帮助学生获得可迁移的能力。

3. 应用软件新授课

应用软件新授课是以培养学生认识软件的本质与特点，掌握软件的使用方法，以举一反三使用软件解决实际问题的能力为目的的一种课型。例如小学阶段的教学内容涉及的应用软件包括：绘画软件、文字处理软件、多媒体软件、网络应用软件等。

这一类学习的特点同样是操作性较强，但作为任何一款软件的功能相对都是比较多的，在设计时，一定要通过一些具体的操作帮助学生从整体上认识这款软件的特点、功能及使用方法。另外，不同软件之间也具有相似的界面和操作，在设计时也需要考虑引导学生获取一般性的方法。

（二）小学信息技术新授课中的常见问题

随着计算机硬件和软件的不断发展和计算机教学的不断深入，小学信息技术新授课的教学逐步规范，教学方法不断更新，这些教学方法不仅有传统的教学方式如讲授式、启发式，也包含新的学习方式如合作式和探究式；不仅有体现认知心理学指导思想的，也有体现建构主义指导思想的；不仅有适合培养学生信息技术知识与技能的，也有适合培养学生情感态度与价值观的。然而由于信息技术课在中小学开设时间不长，尚未形成较为成熟的教学体系，加之学生的学习情况参差不齐等原因，目前小学信息技术新授课的课堂中依然存在很多问题。总结起来主要有以下几个方面。

1. 讲得多，练得少

由于小学信息技术教学内容以计算机操作和软件使用等为主，一些教师会花比较多的时间进行演示讲解，细致地介绍每一种命令及其使用方法，唯恐学生没有看清楚、没有听明白。课堂上更多的是"教师讲、学生听""教师演示、学生看"的教学模式，留给学生进行操练的时间相对较少。

前面我们分析过，小学信息技术是一门实践性很强的课程，必须用尽可能多的时间让学生去实践、去操作，让学生在实践的过程中掌握技能。尤其是小学生，他们活泼好动，喜欢自己探索和尝试，所以需要更多的时间去体验操作的过程。

2. 任务过多，学生被动地参与

"任务驱动教学"是目前中小学信息技术采用较多的一种教学方法，这种教学方法通过让学生完成一个个任务学习背后隐含的知识与技能。但是一些课堂中出现了这样的现象，课堂就是由很多个任务组成，学生就是机械地跟着老师完成这些所谓的任务。

【案例】

案例"文字编辑"中的任务设计

要求学生完成的任务有：（1）输入一段文字；（2）为文字更改字体；（3）为

文字更改字号；(4) 为文字更改颜色；(5) 为文字添加一个标题；(6) 改变标题文字的颜色、字体、字号；(7) 标题文字加粗；(8) 标题居中。

可以看出，任务设计的非常多，学生只是被动地参与。在这些任务中，仅仅关注了操作，而对文字所进行的修改是为主题服务的这样的本质要求只字未提。这样的"任务"与任务驱动教学所提倡的任务是完全不同的。

3. 重操作，轻技能

在很多新授课教学中，只引领学生按教材中的方法学会操作，没有把操作能力应用到实践中去。因此，学生只是机械地掌握了操作的步骤，而没有掌握操作的要领，更不懂得如何去应用。例如，有些教师只关注让学生掌握更多的软件功能和操作方法，却忽视了用学到的操作去解决实际的问题，忽视了一般方法的总结和归纳，导致学生没有利用信息技术解决实际问题的意识。

【案例】

案例"文件夹的复制和粘贴"教学过程节选

师：打开 C 盘，选中一个文件夹，点击鼠标右键，选择"复制"命令；打开 D 盘，点击鼠标右键，选择"粘贴"命令。

师：你们发现了什么？

(回答略。)

师：对，这就是文件夹的复制。你们学会了吗？

师：自己练习操作一下吧！

在这个案例中，仅仅是介绍了"复制"和"粘贴"的操作步骤，至于为什么用这个命令，什么情况下会用到一字未提，导致学生学习之后无法应用到实践中。

(三) 小学信息技术新授课教学设计的策略和方法

1. 精讲多练

(1) 精讲是"基石"

精讲就是教师在信息技术重点、难点教学中，运用精炼的语言，讲清、讲透知识点，点拨知识点的精华，力求对学生理解和把握知识起到"画龙点睛"的作用。

第一，讲清重点。知识要点，是课堂教学的核心。讲清重点是开展教学活动的主线。教学中，教师应抓住重点，巧设教学重点任务，突出重点教学。当学生在获取重点知识遇到困难或问题时，教师要在最短的时间内，用言简意赅的语言帮助学生厘清要点、把握脉络、掌握方法，促使学生更准确、更牢固地理解和掌握重点知识，自主尝试操作，教师则巧妙引导、精练归纳，这样学生对重点知识的学习和把握会更加清晰明了。

第二，化解难点。难点主要指学生在学习过程中遇到的超出自身理解范围和知识水平的内容。那么教师应该在实际教学中，洞察学生可能会产生疑惑的难点，并采取合适的教学方式帮助学生尽可能地去理解内容难点，更好地吸收知识，运用通俗易懂的语言去化解学生在学习中的难题，帮助学生能更好地认识学习内容、理解透彻。例如，在教授"翻转与旋转"一课中，教学难点是"理解和把握旋转的方向并能辨析图形垂直翻转和旋转180°的区别"，教师在教学活动中，要主动引导学生观察学生的操作演示，思考以下问题：①小风轮的风叶是怎样进行旋转的？②"福"字垂直翻转和旋转180°的效果统一吗？在教师的正确引导下，学生能实现更有针对性的观察，从而实现学生的学习目的和教师的教学目标，使学生学有所获。

第三，指点迷津。当学生在学习过程中对知识产生了疑问，或者陷入不能消化理解的困境时，教师应该点拨、启发学生走出当下的思维桎梏。引导他能做到自我思考，或指出困扰的关键，直到实现问题的解决。从而在此过程中提高学生自身辨析知识疑点的能力，提高学生自身学习能力。

（2）多练是"保证"

信息技术课堂上，教师要为学生提供更多的练习机会，"多练"是使学生进步的保证。知识的重难点有不同的形式，因此在练习也需要多种形式，并且这些练习活动要有一定的层次、深度和广度，教师在适当的时候给予指导。引导学生反复练习，深化对所学知识的理解和巩固，同时提升他们在实践中灵活运用知识的能力。

第一，目标"准"。教师应当结合教学重难点，以学生学习情况为中心精心设计练习目标，确保每一个练习任务都有明确的目标和高度的针对性。不仅要抓住薄弱环节进行强化练习，同时还要兼顾全体学生的练习需求，以提高不同层次的学生在练习过程中的水平。

第二，内容"精"。在挑选练习内容时，教师应当深思熟虑，以确保具有针对性和指导性，从而提高练习效果；内容要有助于学生夯实核心知识，使他们熟练掌握操作技能。这么做的好处是，激发学生的实践热情，避免陷入单调乏味的机械操作之中；通过引导使学生发现具有规律性的关键问题，使他们能够触类旁通、举一反三。

举个例子，"'幕后英雄'剪贴板"一课中，根据本课教学主题和重点，教师巧妙地构思了两个教学任务：①协助小恐龙寻找更多不同的恐龙朋友；②为小恐龙营造一个和谐、幸福的家园。这两个练习的目的，首先是使用工具，熟悉电脑操作中缩小、放大、复制、粘贴等命令；其次是进行拓展练习，不仅能够综合运用新旧知识，同时激发学生想象力、创造力，最终使学生获得更好的学习效果。

第三，形式"活"。它需要教师在设计练习的时候，能够在形式上更多样、灵活，内容上更具有开放性、创造性。单调乏味的机械性练习，会让学生感到厌烦，不利于他们巩固所学知识和提高技能。学生在形式多样的练习中更加兴趣盎然，练习时也会更主动、更开心。

第四，层次"清"。要求老师在设计习题时，要考虑到所有学生的练习需求。内容上应该体现从容易到困难，从浅入深的特点；做到从熟到巧，逐渐深入。学生在不同层次的练习过程中逐步达到"会—熟—活"的标准。

信息技术课堂，必须要做到几点，那就是"精讲多练，讲练结合，讲出新意，练到实处"。这么多的好处是，能够把学生放到教学的主体地位，教师起到辅助和引导的作用，既能照顾到教师"讲"的效果，又能保证学生"练"的作用，充分调动了教学双方的积极性，增进良好的课堂氛围，使课堂充满生机和活力，切实提升了教学效果。

2. 善用迁移

由于信息技术教材采用"模块化"的编排方式，教师就要认真分析各模块学习内容之间的相互联系与前后衔接，将新知识与原有认知结构建立起有意义的联系。

小学信息技术课主要学习内容是计算机软件知识。需要注意的是，教师在讲授软件知识的时候，千万不要盯着一款应用软件的作用讲得太过细致，要根据某类软件的共同特点来阐述，并且要注意甄别其中的核心内容以及基本操作技能。比如，在讲解"文字处理"知识点的时候，应该同时把文字处理软件中常用的文字输入法、文字编辑工具、如何插入图片等相关技能一并讲解清楚。小学生在掌握了这几个知识点后，就能将所学知识运用到大多数文字处理软件中去，站在一个比较高的层面了解计算机文字处理软件的特性。

在应用软件的教学中，教师要注意把学习软件的方法传授给学生，并让学生运用知识的迁移，自主探究同类软件的操作方法，从而学会新知识。例如，在掌握了 Word 文字处理软件技能后，它的图片设置、艺术字、表格绘制等操作技能，都可以在 PowerPoint 中使用。讲授新课时，要让学生逐渐养成勤于思考的习惯以及知识迁移习惯，以培养其自主学习、综合运用的能力。

3. 兴趣引路

新授课中某些课时的学习内容较为枯燥，如基础知识与基本操作新授课的新知识、新概念较多，内容也较为抽象。因为小学生的年龄特征，他们有强烈的好奇心，喜动不喜静，更讨厌单调的机械练习，喜欢生动有趣的事物。同时，他们能够集中注意力的时间很短，注意力更易被生动、颜色鲜艳、形式新的事物吸引过去。

因此，教师在这些类型新授课的教学中要设法提高趣味性，使学生感到新知识的学习并不困难，并自然地产生学习动力。例如，可以通过组织有趣的游戏、竞赛以及趣味的内容、故事等吸引学生。

（1）游戏形式组织教学

教师应从小学生特点出发，根据教材内容的需要，找到更多适合小学生的具有趣味性的教学软件，如拼图、赛车、打字游戏之类的软件。这些充满童真的软件能吸引学生的注意力，使他们在进行软件操作时不知不觉地训练了指法，掌握并理解回车键、空格键等各种功能键的作用与使用。如果强制要求他们学习理论知识，强制他们记住键盘字母排列、键盘功能，不会起到好的效果，而且学生也没有强烈的学习愿望。

（2）竞赛形式组织教学①

教师还可以通过组织不同形式的竞赛，让学生参与进去并体验成功的喜悦，提高学习兴趣。比如，在练习指法的时候，通过"青蛙过河比赛""打字速度比赛"等趣味性游戏，让学生体验快乐；在学习 Windows 画图时，可让同学们的作品参与"选美"，看谁画的最漂亮；竞赛单位可以是个人，也可以是小组，激发学生的表现欲，提高学生学习电脑的兴趣。

（3）故事形式组织教学

创设故事化情境非常适合小学生。把教学内容设计到一个故事情境中，使学生产生身临其境的感觉，增强课堂的趣味性，能有效地调动学生的积极性，从而全身心地投入到课堂中。

4. 借助感性材料

学生第一次接触基础知识时，会觉得很枯燥、难懂，一种有效的解决策略就是提供有针对性的感性材料加以说明。在教学中，可以通过实物、模型和言语三种直观方式予以体现②。

（1）实物直观

实物直观具有真实、生动等特点，特别容易激起小学生的兴趣和注意力，加深小学生对新学习内容的印象，赋予抽象知识以具体的形象。例如，在介绍计算机的各个组成部分时，就可以借助具体直观的实物展卅教学。

（2）模型直观

模型虽然不如实物真实，但是可对复杂的知识内容进行处理，按教学需要突出某些特征，略去某些细节，更简洁地反映相关知识的内涵和外延。

（3）语言直观

语言直观是指教师利用生动形象的语言清晰描述学习内容，特别应以学生身

---

① 刘富金. 小学信息技术游戏化教学初探 [J]. 中国教育信息化，2010（6）：36-37.
② 朱世周. 课型范式与实施策略：信息技术 [M]. 南京：江苏教育出版社，2012：86.

边的现象和经验为线索，将学生的注意定格在某种感知的回顾和体验上，从而与新学知识产生联系。其中，比喻或类比就是经常采用的方法。

在小学低年级的信息技术教学中，学习内容最好的处理方式是从具体到抽象、从个别到一般、从大量的有吸引力的感性经验入手。有时，最后的学习目标可以只停留在感性认识的层面上，而不必上升到抽象的理论。

另外，信息技术是一门基础性的工具课，它直接为学生将来的学习和工作奠定基础，因此在教学活动中，教师要更多地考虑创设生活化情境，实现生活化的教学，需要将书本知识与学生的真实生活联系起来，让学生感受到学习不是枯燥乏味的而是丰富有趣的，是与自己的生活息息相关的，这样才能最终实现"源于生活，融入生活，用于生活"的生活化教学。

5. 提供学习支架，鼓励学生自主学习和探究

"支架"原本是第一种建筑隐喻。伍德第一个使用"支架"来比喻在学习过程中，一个人给予另外一个人的有力支持。普利斯里对"支架"的定义是：了解学生需要什么，并为他们提供基本的帮助，在他们获得一定的能力后再去掉帮助。

支架的一般作用是：（1）当学生在做调查研究时，提供一些组织及帮助，帮助他们寻找到"真理"。（2）通过借鉴有经验的学习者，如老师的经验和思维，学生可以少走弯路，领悟到知识，特别是隐性知识的内涵。（3）当学生还不具备独立完成任务的能力，"支架"能帮助他们进一步提高技能水平。（4）在不知不觉中，引导学生走向独立学习的道路，帮助他们在必要的时候，懂得寻找支架的帮助，完成不可能的任务。

从形式上来划分，支架可划分为多种，包括：范例、问题、建议、指南（向导）、表格、图表，其他还有如解释、对话、合作等。

6. "半成品加工"教学

"半成品加工"教学的意思是，使用一部分内容"留白"的作品，使学生快速掌握技术操作技能，理解信息素养的含义，通过对教学环境和方式的优化，从而提高教学时效。

"半成品加工"教学，主要在课堂教学演示中使用，教师在这个过程中对其

使用方法进行讲解，可将技术与教学紧密结合，起到突出重点的效果。这样做的好处是，学习过程中对于复杂的技术不再束手无策，零散的技术也不再是"瓶颈"，对于技术的落实，过程和方法不再是障碍。"半成品加工"策略提供了学习的情境和训练的软件环境，使素养与技术的关系得到较好的调和。例如，提供一份小报的半成品，让学生将其中某段落分栏，这样学生可以通过对小报加工前后的对比，领会到分栏的作用和优势。还可以通过范例引领等方式，引导学生进行作品创作。

三、 小学信息技术复习课教学设计

教学实践证明，复习是巩固知识、防止出现遗忘的基本策略。心理学研究也表明，对新学的知识要及时进行复习，复习不仅可以增强记忆，而且还能加深对知识的理解，以及加强对方法和技能的综合运用。复习课是信息技术课堂教学过程中非常重要的一种课型，对夯实学生的基础、培养和提高学生运用知识、解决问题的能力起着举足轻重的作用。

(一) 信息技术复习课的分类与目的

信息技术复习课与其他学科的复习课既有共同点又有不同点，共同点是都是梳理知识、巩固学习成果，而不同点是信息技术复习课可操作性强。信息技术复习课的目的在于教师帮助学生梳理知识和技能，加深学生对所学知识的理解，通过强化训练，培养学生对基础知识的理解、运用、分析与综合的能力。信息技术复习课通常可分为章、单元复习，期中、期末复习以及对新知识、技能进行激活预热的预备性复习。根据复习内容特点又可以分为理论型复习课和操作型复习课。

信息技术复习课的主要目的有：重现"知识点"、构建"知识链"、获得"知识值"。

1. 重现"知识点"

"知识点"重现的环节不仅担负着拉开复习帷幕的任务，更承担着激发学生复习欲望、唤醒已有知识的功能。

2. 构建"知识链"

对于信息技术复习课而言，合理的教学目标定位应该是：协助学生回顾整理之前学习过的理论和实践操作，创造性地把原来零散的知识进行梳理，最终形成一定的知识链条和体系，使知识更加系统化。

3. 获得"知识值"

引导学生复习的时候，教师不应该只停在罗列以往知识点上，而是要重点深入挖掘知识和知识、知识和生活之间的关系，将一系列与生活相关的、具有深度意义和挑战性的知识点展示出来，以增强学生解决实际问题的能力。

（二）小学信息技术复习课教学中存在的问题

现阶段，信息技术复习课主要模式有演讲式、练习式和讲练结合式。演讲式复习法，教师综合性地讲解以往的知识点，学生处于倾听者的位置，参与少，教师是课堂的主导者；练习式复习法，教师依据要复习的内容和实践技能，通过布置一些练习，并让学生上机练习，教师及时发现大部分学生容易犯的错误或者未掌握的技能，予以讲解；讲练结合复习法，主要是教师在学生练习前，提前讲解一些需要注意的知识点，演示操作技能，接着布置练习让学生上机完成，接着教师再进行总结和讲解的方法。

这些传统的复习课模式都存在以下几个问题。

1. 不考虑学生的基本情况

不考虑学生的年龄特点、学习基础等，用同一模式去设计课程。小学信息技术复习课有别于初中、高中的信息技术复习课，要符合小学生的心理特征，小学生生性活泼好动，对新鲜事物总抱有极强烈的好奇心和强烈的探知欲，但专注于某项事物的时间却不长，因此如上所示的三种教学模式在小学信息技术复习课中很难吸引小学生的兴趣。

2. 缺少复习策略，忽视学生的主动性

建构主义理论认为学生是学习过程的主体，是知识的主动建构者，教师是学习过程的设计者、组织者、参与者、引导者和评价者，教师的责任是引导学生在自主探索的过程中发现问题、解决问题、建构知识、学会独立思考。然而，信息

技术复习课堂上普遍存在的现象是，不讲究复习策略，通过不断的练习刺激强化学生的知识和技能，教师"越俎代庖"帮学生梳理知识，学生仅仅是听客和陪衬，这种教学效率极其低下，并且学习效果也不持久。

3. 不注重知识的梳理和方法的提炼

信息技术复习课普遍存在将所有知识一次性铺陈到学生面前，或是教师将所有技能一次性演示一遍后，让学生进行大容量、高密度的练习，这种缺乏知识梳理和方法提炼的课堂，会使多数学生不同程度地产生厌学情绪，缺少学习热情。信息技术复习课的精髓就在"理"和"通"，"理"即对所学的知识与技能进行系统的整理，使之形成系统的知识网络，达到提纲挈领的目的；"通"即融会贯通，在系统的知识网络中，理清解决问题的思路，进而运用知识与技能去解决问题。

（三） 小学信息技术复习课教学设计的策略和方法

为了达成小学信息技术复习课的目的，又不落入常见的一些误区中，在复习的过程中，教师应积极引导学生在情境创设中激活原有的知识点，充分调动学生的主观能动性，在问题解决过程中主动构建知识。

1. 激活已有知识点

激活的目的是帮助学生回忆并复习先前所学习的主要知识点。为此，教师应着力创设生活化的情境，在解读情境中自主重现"知识点"，建立知识与现实生活的联系，从而引发学生的复习兴趣，延续学习兴奋点，引导学生进入积极的复习状态。可以通过提问、作品分析、闯关等方式来帮助小学生激活原有的知识，从而达到重现知识点的目的。

2. 梳理知识点

只有将知识结构梳理清晰，学生才能将原有的知识点串联成一条条知识链，进而形成完整的知识结构体系。梳理的方法有很多，可以通过概念图或表等整理知识点之间的关系。

如图 3-4-1 所示，就是通过概念图对文件、文件夹的关系进行梳理。

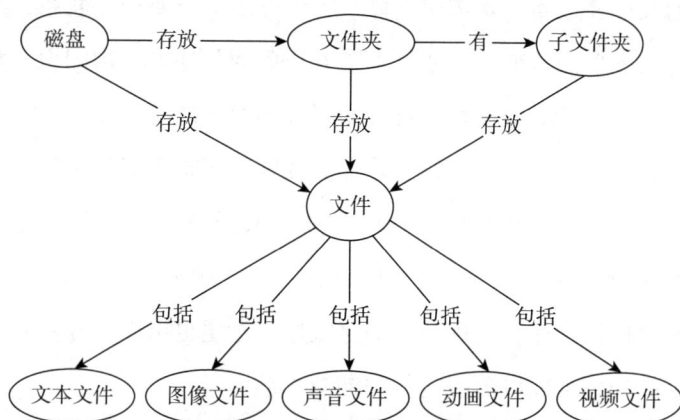

图 3-4-1 运用概念图梳理知识点

信息技术复习课一般来说知识点容量大、操作步骤繁多，学生已掌握的知识比较零散，知识间逻辑关系不清晰，没有良好的认知结构，很难快速进行有效的复习。概念图工具正好能帮助我们解决这些问题，通过它，我们可以避免复习中的盲目性，师生共同将分散的各知识点组块进行系统梳理，并找出各知识点之间的内在联系，促进知识的系统化，加强学生对所学知识的全面理解，有助于学生对所学内容的进一步内化，从而建立一个有效的知识系统。在任务完成后，学生可以通过概念图再次回忆参与学习的过程，整理解决问题的思路，利用概念图将完成任务的过程直观形象、结构清晰地表现出来；浓缩知识结构，加强学生对知识的整体把握及问题解决过程的把握，使专题内容模块化、学生的思维过程显性化、解决问题的方法清晰化，从真正意义上完成知识的建构。师生共同构建一幅专题概念图，丰富的图像、紧凑的内容，会大大地节约学生复习的时间，切实提高复习的效率。

3. 应用知识点

知识体系的形成，归根结底是为了学生能将已掌握的知识应用于实际，提高动手解决实际问题的能力，这也是信息技术复习课的另一个重要学习目标。为了实现这一目标，教师可以通过提供新的应用情境或者任务，在解决这个任务的过程中，引导学生获得解决问题的一般方法。

复习课中，教师应充分发掘知识点之间的联系，设计与学生生活密切相关的任务，任务的大小要适当、要求应具体，各任务之间还要相互联系，形成循序渐进的梯度，组成一个任务链，以便学生踏着任务的阶梯去建构知识。教师任务的引出、任务梯度的设计实施过程将直接影响教师教学的有效性。

复习课上更应注意突出学生的主体性。教师应该将更多的时间交给学生，教师适时进行疏导和点拨，引导学生沿着主线完成任务。学生变过去"被动"的学为"主动"的学，变"要我学"为"我要学"，积极参与知识与技能的回顾、归纳和整理的全过程，充分发挥学习的自主性。学生也可以在互帮互助的合作学习中完成给定的任务，或以分组进行归纳与总结。

四、 小学信息技术综合应用课教学设计

小学信息技术综合应用课是课堂教学的重要组成部分，通过综合应用课的学习，学生把所学知识和技能用来解决实际问题，以培养学生利用信息技术的意识和能力。小学信息技术综合课的目的是什么？在教学中又有哪些常见的教学策略呢？

（一）综合应用课概述

综合应用课通常以综合性的任务为主展开教学，通过对不同主题任务的研究，使学生能更加熟练地运用所学到的信息技术知识与技能解决实际问题。

小学信息技术综合应用课的培养目标主要包括以下几个方面。

1. 培养学生综合运用知识的能力

综合应用课要利用所学的知识和技能来完成一个综合性任务。小组共同合作解决问题，往往需要多个课时来完成一个综合性任务。在这个过程中，主要培养学生综合运用之前所学知识与技能的能力。例如，在学习软件操作时，由于软件的功能较多，学生在每节课的学习中获得的技能比较单一，因此，通常会在一个软件学习结束之后，要求学生利用所学习的软件进行作品的创作。

2. 培养学生解决复杂问题的能力

综合应用课应该以具体操作、电子作品等形式表现出来，所以对综合课的设计最终将落在设计一个能够综合运用模块知识的任务上。例如，利用 Word 软件

设计一张墙报或一张电子贺卡，利用 PowerPoint 软件设计、制作一组某一主题的幻灯片，等等。

3. 使学生获得解决问题的方法

在解决问题的过程中，教师还需要引导学生获得解决问题的一般方法。例如，在作品制作的过程中，需要引导学生掌握作品规划、设计、制作的一般方法。

（二）小学信息技术综合应用课的常见问题

随着信息技术学科的不断成熟，综合应用课已经成为一种主要的课型，越来越多的教师已经认识到综合应用课的重要性，在很多地区的信息技术教材中都有很明显的体现。不过，由于学科本身发展的时间不够长，目前的小学信息技术综合应用课的课堂中存在以下两方面问题。

1. 忽视学生的主体性

一些综合应用课沿用的依然是传统的教学模式，教师在教学过程中仍然更多地关注"教"而非学生的"学"，这也就削弱了综合应用课的教育价值。综合应用课的教学活动应该是以学生为主体的活动，教师在设计该领域的教学内容时，应该充分考虑学生在活动中的角色和定位，强调真正地把课堂的主动权交给学生，让他们能够自主自觉地参与活动，在解决问题、完成任务的过程中综合运用所学知识，让他们在自主的活动中提升自我。

2. 任务的开放性和整合性不足

很多教师在设计综合应用课时，会给学生一个成果范例，要求学生最后完成这个例子就可以。当然，学生完成这个范例需要用到之前所运用的知识和技能，起到综合应用的目的，但是对于学生来说，只有模仿，没有创新。对于提高学生解决问题的能力来说，这样的综合应用课意义并不大。综合应用课的设计在知识的范围上应适当向外拓展延伸，在形式上要突出任务的综合性、灵活性、应用性、开放性。

（三）小学信息技术综合应用课教学设计的策略和方法

1. 注重开放性的任务设计

在综合应用课上，任务一般涵盖要运用的知识、技能，但完成任务的方式可以多种多样，最后的作品可以是丰富多彩的。也就是说，要给学生一个创造的空间，让学生带着真实的任务学习。教师设计和编排开放式的"任务"，可以让学生在完成任务的过程中一方面综合运用所学习到的知识，另一方面要能够发挥各自的特点、优势以及创造性。

开放性任务的要求是，既要学生找到问题答案，同时能说出完成任务的过程所用到的各种方法、技能等等，又能将这些技能进行调整，使它们能够运用于不同的新情境之中。教师可依据学生实际，联系生活设计相关开放性任务。教师在这个过程中所起到的作用是，提出任务的大致框架，并提供一些完成任务的建设性意见，需要注意的是，不要直接进行方法的示范。例如，布置利用文字处理软件做一件完整的作品，只需提出要求（内容丰富、排版美观等），并给出一定的示范案例（一份电子简历、一张海报），让学生自己做出选择，或者布置一项制作电子贺卡的任务，至于是新年贺卡还是生日贺卡，交由学生自由选择主题。

再比如，要求学生围绕"小小胸卡个性飞扬——Word 的综合运用"的主题，制作一个胸卡。这堂课的背景是，胸卡往往是工厂统一制作出来的，样式陈旧单调，无法突出个性，以至于经常被涂改。课堂上，教师首先展示被涂改的胸卡，接着提出本节课的任务——设计个性胸卡。这个任务本身跟学生生活息息相关，容易引起共鸣，课堂气氛就变得热烈而融洽了。然后，精心设计五个任务步骤，一步一步引导学生学习如何设计和制作胸卡。最后，教师要求学生扩宽思路，可以根据自己的想法进行个性化制作，而不是简单模仿。让学生使用刚刚的技能和制作步骤，制作出独一无二的胸卡。这样的教学方式下，学生就不会局限于教师的思维，更容易制作出富有创意的胸卡作品。

有时，根据教学需要，可以在一个学期或者一个学年结束后，设计更加综合和开放的任务，甚至可以不限制主题，不限制工具软件，给学生更大的自由度和灵活度。

2. 注重整合设计，体现信息技术的应用性

信息技术课程的重要目标是培养学生解决问题的能力，也就是说，教会学生利用信息技术解决学习、生活中的问题，教会学生运用信息技术改善学习方法、提高学习效率，使问题的解决更具有创新性。因此在信息技术综合应用课的设计

中，可以更着重考虑与其他学科的整合，使内容贴近学生的日常学习生活，让学生感觉到学习信息技术是非常有用的，是很有必要的。

举例来说，学习画图程序可结合语文课文，通过设计绘制课文插图的任务，将信息技术与学科课程有机结合起来；用 Excel 表分析运动会成绩等任务，将信息技术与学生生活结合起来；用 PowerPoint 完成一个项目的任务，将信息技术融合于多学科中。例如，金慧丽老师的"小水滴的旅行回顾"就是一节整合科学学科相关知识，引导学生制作动态演示文稿的综合应用课。在完成动态水循环示意图的过程中，综合运用之前三个单元所学习的新建演示文稿、调整幻灯片版式、设置背景、插入图片以及自定义动画等知识。

当然，作为信息技术课程的任务，应该以信息素养的培养作为主体目标，要避免因为对其他学科内容的过分关注而导致"喧宾夺主"现象的出现。

事实上，有些教材本身已经在编排内容时考虑到信息技术的综合应用性。这些内容的编排也考虑到了学生年龄特点、信息技术能力以及与学科学习、生活等结合的问题。下面以浙江摄影出版社的小学信息技术教材编排为例进行说明：

三年级，主要任务是学习基本技能，每节课都有一个需要完成的小任务。比如，三年级上册课本中，第六课的主题是"小树苗快快长"，教学任务是，让学生学会利用画图软件中的铅笔、喷枪、刷子等工具画一棵树。学习过程中，学生学会使用画图程序，并领会计算机绘图的优点。又比如，三年级下册中，第十课主题是"古诗一首"，教学目标是通过文字输入法，将一首古诗输入到 word 软件中，让学生感受到计算机处理文字的巧妙之处。这样的任务看似很容易，但最有效果。

到了四、五年级，学生已经基本掌握了计算机操作，并且有相当程度的分析问题的能力，这个时候，就可逐步布置一些较为复杂的大任务，并将其拆解成几个小任务，每节课引导学生完成一个小任务，大概花费 3~4 节课，就可以完成一个大任务。比如，五年级上册课本中，第 13~15 课，要求制作一个有关校园环境的调查报告。首先，在第 13 课设置了同学合作完成调查数据采集，并进行数据整理的任务；其次，在第 14 课设置了根据整理的数据，做出分析、研究，得出结论的任务；最后，在第 15 课要求做出完整的调查报告。通过三个课时的任务分解，逐步引导学生完成整个调查报告。

到了六年级，还会做一些可以学以致用的小课题，在学生的头脑中初步产生应用信息技术的意识。比如，六年级下册课本中，一共有九个小课题任务，有些小课题可以直接拿来，让学生在课堂中完成制作；有些小课题，需要拿出一些示例，引导学生根据示例结合日常，自己确定要制作的主题，用三到四个课时来完成；或者进行研究性学习，让学生自主完成研究报告的过程中，感受信息技术给学习和生活带来的便利。

3. 注重引导，授之以渔

综合应用课的任务通常都比较复杂，因为小学生逻辑思维能力稍弱一些，如果一下子让他们将制作思路进行有条理的整理，是十分困难的。所以，教师在一开始布置任务的时候，就需要引导学生积极思考如何完成任务，以及完成任务需要的步骤，对于比较大的任务，怎么进行分组与合作。把大任务分解成小任务，有利于学生自主完成，同时也有利于学生之间的分工合作。另外，通过任务步骤的分析，即解决问题方法和过程的分析，帮助学生形成解决问题的一般方法和过程，从而做到"授之以渔"。

以教学任务作为课的分类基点，小学信息技术课通常分为新授课、复习课和综合应用课。小学信息技术新授课具有生疏性、新颖性和实践性的特点，根据这些特点，主要采取的教学策略有精讲多练、善用迁移、兴趣引路、借助感性材料、提供学习支架、"半成品加工"。小学信息技术复习课具有重复性、容量大和复杂性等特点，主要通过激活、梳理和应用等方式帮助学生重现知识、构建知识链等。小学信息技术综合应用课主要有综合性、应用性、复杂性的特点，通过创设开放性、整合性的任务帮助学生综合应用所学知识与技能，提升解决问题的能力，获取一般解决问题的方法。

第四章　小学信息技术课程教学评价

本章主要内容为小学信息技术课程教学评价，详细介绍了教学评价概述、信息技术教学评价过程、方法与实施、信息技术课程中学生评价以及信息技术课程中教师教学评价。

第一节　教学评价概述

教学评价是指以教学目标为依据，制定科学的标准，对教学过程与结果进行测量、评定，并据此作出价值判断的过程。

从教学评价的概念中，可以看出评价的几个要点：一是评价要有明确的对象或内容；二是评价要有参照标准，以保证评价结果是可靠和可信的；三是评价是建立在测量和评定的基础之上的；四是评价是用来进行价值判断的。

通过教学评价，教师可以了解学生的学业成就（也就是教师的教学效果），由此可以判断教师的教学是否成功，也可以由此反映出教学中存在的问题，进而为教师改进教学指出方向。在关于教学过程的模型中，虽然教学评价往往是最后实施的过程，但是从教学需求分析开始，教学评价就伴随着整个教学的设计和实施而展开了。

一、　教学评价的功能

一般而言，评价不是目的，而是促进被评价对象提高的手段之一。信息技术课程教学评价并不只是判断教学目标达到的情况，更重要的是通过检查学生对信息技术的学习，巩固学习成果，最终达成全面促进学生信息素养提高的目标。评价不是在教学结束后才发生的事情，应该贯穿于整个教学过程，目的是要促进学生的全面发展，提高学生的信息素养，评价通常有以下功能。

（一）导向功能

教学评价是使教师与学生明确教与学的目标，对学校、教师、学生起着积极的引导作用。通常评价注重什么，在教学中学校、教师、学生就会关注什么。

（二）检查功能

教学评价具有检查监督的功能。学校对教师的教学质量、教学态度的了解，教师对学生的学习态度、学习能力、学习效果的判断，都可以从教学评价中获得信息，为检查提供依据。

（三）激励功能

通过教学评价，教师可以了解自己的教学状况，学生可以了解自己的学习状况，从而有利于调动教师和学生的积极性，使他们获得成就感，有效激发教师的效能感和学生的学习信心。当教学评价结果不理想时，可以对教师和学生形成鞭策效果，激励教师和学生努力做得更好。

（四）改进功能

通过教学评价，可以发现教学中存在的问题和不足，从而为教师改进教学和学生改进学习提供直接的依据和指导。

二、教学评价的基本原则

教学评价是信息技术教学的有机组成部分，具有很强的导向作用，教师应围绕信息技术课程规定的培养目标和内容标准评价学生的学习情况。一方面激发并保持学生学习、应用信息技术的兴趣，帮助学生逐步提高信息素养，保证信息技术课程目标的达成；另一方面教师要不断提高信息技术教学的水平，并在评价改革的理念、方法和体制等方面继续作出有益的尝试和探索。

教学评价应着眼于学生的发展层次和发展水平，要以学生已有的发展为评价基础；要注意体现评价对教学的检查、激励和改进作用，弱化评价的甄别与选拔功能；在发挥教师在评价中主导作用的同时，创造条件实现评价主体和方式的多元化；关注学生的个体差异，鼓励学生发挥创造性。

（一）目的性原则

教学评价不是直接目的，而是要通过教学评价来推动和促进教学发展，达到教学目标。教学目标是教学评价的出发点和依据，在教学评价过程中，评价内容、方式、标准等都要服从教学目标，为总体的教育目的服务。

（二）科学性原则

教学评价必须根据教学实际情况来进行，不能随心所欲地加以主观、片面性的认定。教学评价采用的方法、依据的标准都必须符合教育科学的基本原理和基本规律。

评价内容要体现科学性，注意加强与社会实际和学生生活经验的联系，重视考查学生分析问题、解决问题的能力，关注学生在学习过程中的体验，特别是对情感、态度、价值观、实践能力的考查。要以教学目标为依据，制定科学、公正的评价标准，通过笔试、口试、上机操作、作品展示、参加竞赛等多种途径对学生进行综合评价，要有利于促进每个学生的创新和发展，要有利于发展学生多方面的潜能，了解学生在发展中的需求。

（三）可行性原则

教学评价的指导思想和评价目标要切合实际，对评价方案要切实可行，不能制定脱离现实的理想目标对教学进行评价。评价指标应该明确、具体、可测量，评价指标体系不要过于烦琐，评价计算体系要简便易算，对评价结论的要求不要定得太高。在学生较多的情况下怎么进行评价、多长时间进行测评、对成绩怎样分析、学生掌握知识的真实情况等都是教师要考虑的问题。

（四）多维度原则

在教学评价中要注意考虑知识与技能、过程与方法、情感态度与价值观多个维度的评价。不能只注重理论知识，或者只注重上机操作，要从学生信息素养包含的多方面内容进行评价，使评价能客观、真实地反映学生的信息素养实际状况。

在应试教育中，教学评价等同于考试，其目的非常明确，反映评价结果的主要内容就是学生的学习成绩。在新课程改革中要注重对学生进行全面评价，通过评价促进学生的发展，因此教师应避免把评价简单地等同于考试。

三、 教学评价的类型

按照不同的角度，可以把评价分为不同的类型。需要说明的是，这里叙述的几种评价类型并不是以并列关系的形式存在的，它们之间有的是相互交叉的关系，也有的是相互包容的关系。

（一） 按评价基准分为相对评价、绝对评价、自身评价

1. 相对评价

相对评价，指的是当进行群体评价时，需要根据某一内部基准进行，将对象和基本标准一一对比，最终得出群体中个体成员的相对评价结果。为得到相对评价结果而进行的测验，通常叫作常模参照测验。这个测验取得的成绩，可为学生的学习成绩划分相应等级。需要注意的是，相对评价的基本标准缺乏稳定性，群体不一样，基本标准也会随之变化，所以这种评价标准很容易偏离教学目标。

2. 绝对评价

绝对评价，指的是进行群体评价时，评价基准建立在被评价群体之外，将对象和外部评价基准一一对比，最终确定成员的优劣结果。教学评价标准的建立，通常以教学大纲为基础，制定一系列评价的细则。为了得到绝对评价结果而进行的测验，通常叫作标准参照测验，同相对评价比起来，绝对评价更客观，评价对象可以根据标准，意识到自己和标准的距离，从而调整自己的行为，不断朝目标努力。当然，这里所说的"客观"性，只是一种相对客观，绝对的客观是不可能存在的。

3. 自身评价

和前面所讲的两种评价方式不同，自身评价并非一种群体内部评价，也并非群体外的客观评价。它的评价方式很特别，是将评价对象的过去同现在进行对比，或者寻找被评价对象的不同侧面，然后进行比较，得出评价结果，是进步还

是退步。比如，某一位同学，数学成绩上半学期是六十分，下半学期是八十分，通过比较说明数学进步明显；如果这位同学语文成绩，两个学期都在九十分，通过比较，得出他的语文成绩比数学成绩优秀的结果。考虑到每个学生的个体化差异，自身评价需要比较个体自身的不同侧面，从而鉴别出他的学习状态和未来学习趋势。自身评价并无公认客观标准，所以很难判断出学生真正的水平。比如，虽然某同学两学年的考试分数从六十分提高到八十分。虽然看似长进了，但是如果其他同学的分数都有提升，而这位同学第二学期的分数排名，甚至落后于上一学期，那么就不意味着他的成绩有进步。所以，我们常常会把自身评价和相对评价结合到一起使用，以得到更客观公正的结果。

在教学评价实践中，要注意将学生自我评价、他人评价和教师评价相结合。让学生参与到评价中来，这有助于发挥学生的主体作用，对照课堂评价的标准，规范自己的课堂表现，可以充分调动学生的学习积极性。为了更全面地评价一个学生，教师可以采取自评、互评、教师评相结合的方式进行评价。

（二）按评价功能分为诊断性评价、形成性评价、总结性评价

1. 诊断性评价

诊断性评价应用在课程开始前。评价的目的是通过评价对学生的知识储备、技能掌握情况有一个大概了解，这就是我们常说的"摸底"考试。依据得到的结果，对学生做出"定位"，以此来明确教学内容，做好教学设计。诊断性评价的方法通常包括两种：问卷调查法和摸底测验法。教师通过诊断性评价结果，设计出能够满足不同水平学生学习需要的教学方案，可帮助增强教学效果。

2. 形成性评价

形成性评价是教学效果评价的主要形式，也称为"过程性评价"。在教学活动的进程中，为了不断把握阶段性教学效果，往往会不断进行形成性评价。它能及时了解学生各阶段的学习情况和存在的问题，及时修改和调整教学计划，采取必要的弥补措施，或者结合个别学生的实际情况安排学习。

3. 总结性评价

总结性评价指的是，为评估最终的教学结果而做的评价，比如，学期末或学

年末考试就是总结性评价的一种。总结性评价的目的是，通过对学生学期或者学年学习成绩的评定，检测是否实现了本学期或学年的教学目标。这一评价看重的是教学的结果，依据学习学习成果，对全部教学方案做出客观的、有效的检测与评价。

（三）按评价方法分为定性评价、定量评价

1. 定性评价

定性评价是不采用数学的方法，而是根据评价者平时对评价对象的表现、现实、状态或文献资料的观察和分析，直接对评价对象作出定性结论的价值判断，例如，评出等级、写出评语等。定性评价强调观察、分析、归纳与描述。

2. 定量评价

定量评价是从"量"的角度运用统计分析、多元分析等数学方法，从复杂纷乱的评价数据中总结出规律性结论。在实际工作中，要把定性评价与定量评价结合起来，不能片面强调一方面而忽视另一方面。

定性评价与定量评价各有所长，定量评价比较适合于评定学生的操作技能和对某一知识点的掌握程度，但很难评价学生的学习态度、习惯养成、意志品质、自信心和自尊心、合作精神等方面，而这些可以用定性评价来衡量。

定量评价和定性评价相结合有利于对学生的学习成绩进行综合、全面的评价。把定性评价和定量评价结合起来进行综合评价是教学评价发展的趋势。

信息技术教学评价应注重形成性评价与总结性评价相结合，定性评价与定量评价相结合，不可单独采用某一种评价方式，从而使评价有效发挥为教学服务、促进学生发展的作用。

第二节　信息技术教学评价过程、方法与实施

一、信息技术教学评价过程

评价过程可以划分为制定评价标准、应用评价标准进行测量、划分测量结果

等级、给出评价结论 4 个步骤，如图 4-2-1 所示。

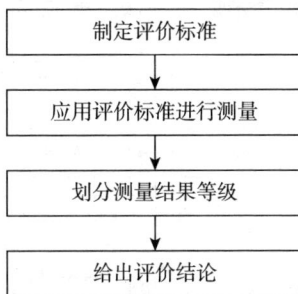

图 4-2-1　评价过程

（一）制定评价标准

评价标准的制定需要注意的是，需要将评价目标重要属性逐一进行细化，使之具体、可测量、指标化。划分好的指标需要形成相对完整的体系，并可以表现出评价目标的重要特征。这个过程中，需要注意列举一些可以反映目标的特征，如果指标之间有交叉和重叠的现象，要进行合并。

【案例】

多媒体作品质量评价[①]

因为多媒体作品的质量难以直接观察到，因此首先需要列举能够反映多媒体作品质量的主要指标，比如，内容、界面、技术等。可以看出，这些指标仍然不够具体、难以测量，因此需要把这些指标进一步划分，比如，反映多媒体作品质量的内容特性，可以从主题是否明确、内容是否科学、文字是否通顺、有无错别字来判断。通过这样的方式直到划分出的每一个指标都能够代表评价目标的主要特性，并且每一个评价指标都是明确、可测量的。经过划分后可以得到多媒体作品质量评价的一个指标体系，如图 4-2-2 所示。

对于反映评价目标而言，指标的重要程度是不同的。我们用权重来区分指标的重要程度，给指标一个分值，这个分值能够直接反映出指标在整个指标体系的权重。确定指标的权重的方法有很多种，如专家评定法、层次分析法等。教学

---

① 董玉珍. 信息技术课程与教学［M］. 北京：电子工业出版社，2009.

中，教师也可根据自身经验做出判断，然而，这种判断结果常常会被质疑。教师给多媒体作品质量指标体系赋予分值的办法，如图 4-2-3 所示。

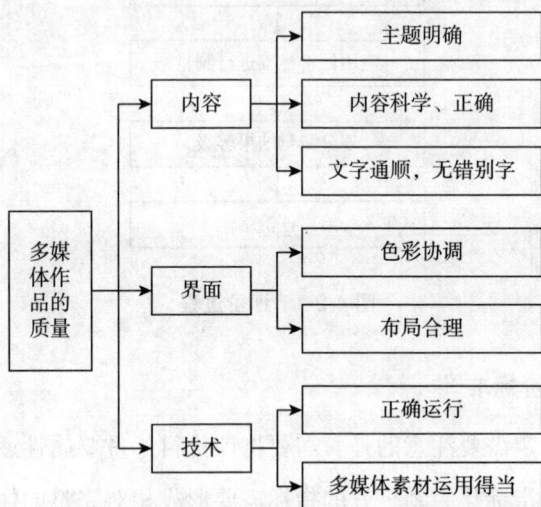

图 4-2-2　多媒体作品质量评价的一个指标体系

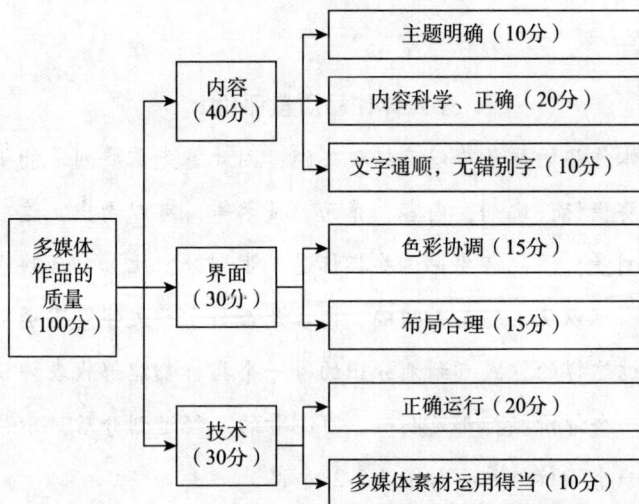

图 4-2-3　多媒体作品质量评价指标体系及指标权重

（二）测量

测量是依据评价指标体系，用数值来描述评价对象属性的过程。测量是一个事实判断的过程，即测量是反映评价对象的客观状态，不对这种状况进行主观评判。凡是测量都需要有测量的标准或法则，这就是测量的工具。教学中的测量工具不像测量身高用的皮尺、测量体重用的秤一样直观，需要评价者按照评价标准中的每一个指标对评价对象作出实事求是的判断。

【案例】

多媒体作品质量评价表

依据图 4-2-3，可以制作出测量多媒体作品质量评价表，如表 4-2-1 所示。

表 4-2-1 多媒体作品质量测量表

评价目标	一级指标	二级指标	得分
多媒体作品质量（100分）	内容（40分）	主题明确（10分）	
		内容科学、正确（20分）	
		文字通顺，无错别字（10分）	
	界面（30分）	色彩协调（15分）	
		布局合理（15分）	
	技术（30分）	正确运行（20分）	
		多媒体素材运用得当（10分）	
总分			

（三）划分测量等级

对评价对象进行测量之后，教师还应对测量结果做出界定。通常采用划分等级的方法来界定测量结果。例如，对百分制计分而言，通常将 90 分以上记为优秀，80 到 90 分记为良好，70 到 80 分记为中等，60 到 70 分记为合格，不到 60 分记为不合格。

划分测量等级，可以将定量评价和定性评价结合起来使用，这么做的好处是可以充分发挥两者各自的优势。

（四）给出评价结论

评价的最后一步是根据测量结果对评价对象进行价值判断，给出评价结论。

评价结论包含了被评价内容能否通过评价的判定，有时候也会对评价对象达到什么水平进行界定，并且对评价对象的优势与不足作出判断。

根据以上的过程来看信息技术教学评价，可以发现教学中通常采用的纸笔考试并不是评价的全部。考试是评价中的测量环节，考试成绩（即测量的结果）并不是评价要得到的唯一和最终结果，如何科学使用学生的考试成绩分数是每一位教师都应该关注的问题。

二、 信息技术教学评价方法

由于信息技术课程具有综合性、实践性、人文性、创新性等特点，并且新课程改革在教学目标上有知识与技能、过程与方法、情感态度与价值观的取向。因此，对信息技术教学的评价需要采用多种评价方式。

（一） 纸笔测验

纸笔测验是教学中使用效率较高的评价方式，适合于在短时间内对大量学生进行集中考查，适合于考查学生对信息技术知识的掌握和理解。信息技术的纸笔测验，要控制选择题、填空题等客观题型的比例，适度设置和增加要求学生通过理解和探究来解决的开放性题目，如问题的解决和分析等，以拓展纸笔测验对学生思维能力和问题解决能力的评价。

（二） 上机测验

上机测验是信息技术课程教学评价中最有特色和使用最普遍的评价方式，通过要求学生在规定的时间内按照要求完成一定上机操作任务，来评价学生的计算机操作能力和水平。上机测验适合于考查学生的实际操作能力和水平。可供选择的上机测验主要有两类：一类是通过实际操作完成的独立任务，如软件操作水平测试、程序设计、作品设计与制作等；另一类是综合任务中的上机环节，如利用信息技术进行项目研究过程中的上机活动。

信息技术期末考试要尽量安排上机测验，设计一定比例联系实际的设计、制作或其他类型的信息处理任务，以评价学生使用信息技术工具或软件的熟练程度，检查学生利用信息技术解决问题的过程、方法和能力。教师和有关机构要针对具体评价目的，灵活选用上机测验和纸笔测验方式，注意避免单一使用只考查基本知识与基本操作能力的上机考试系统，否则容易对信息技术教学产生误导。

（三）作品评价

作品能综合反映学生对课程中多个模块和单元的知识与技能的掌握情况，还能有效反映学生分析问题、解决问题的能力。作品评价是学生根据特定软件和任务要求创作作品，教师再根据作品对学生的认知、技能和情感等方面作出评价。信息技术教学中有大量要求学生对创作作品进行评价的内容，如图像处理、电子报刊设计、网页设计、演示文稿、多媒体作品制作、数据库应用系统等。

（四）档案袋评价

"档案袋评价"也被称为"学生成长记录袋评价"，是通过对学习档案袋的制作过程和最终结果的分析而进行的对学生发展状况的评价。档案袋里汇集的是能反映学生学习成就或持续进步信息的一系列表现、作品、评价结果，以及其他相关记录和资料，以展示学生在某一领域的努力、进步和成就。档案袋评价主要是对学生在技术信息课堂上的日常表现，学生获得的体验，学生的学习活动成果所作出的评价。档案评价检验的是学生参加活动时的成果和质量。这一评价既可以促使学习通过努力提高自身成绩（包括知识积累的增加、应用技能的提升等），又能够提高学生的信息素养，促使其思想与情感更加积极向上。

（五）量规评价

量规是真实性评价的工具，能有效地连接教学与评价。量规一般具有 3 个要素：（1）评价准则，指决定表现性任务、行为或作品质量的各个评价量规指标；（2）等级标准，说明学生在表现任务中处于什么样的水平；（3）具体说明，描述评价准则在质量上从差到好（或从好到差）的序列，以及评价准则在每个等级水平上的表现是什么样的。

表 4-2-2 是多媒体作品展示评价量规；表 4-2-3 是文档编辑评价量规。

表 4-2-2　多媒体作品展示评价量规

评价指标	具体说明	评价等级	学生自评	小组评价	教师评价
多媒体作品展示	能独立或与同伴协作，用多种形式熟练地展示自己的作品	优秀（10 分）			
	能独立展示作品，但形式比较单一	良好（8 分）			
	在同伴的帮助下，能简单地展示自己的作品	合格（6 分）			
	不能正常地展示自己的作品	不合格（2 分）			

表 4-2-3　文档编辑评价量规

评价指标	具体说明	评价项目	评价等级			
			优	良	中	差
文档编辑	能正确完成规定的文档编辑操作	格式化文本				
		段落格式设置				
		页面设置				

（六）答辩评价

答辩评价要求学生撰写学习或综合实践活动论文，可以采用几位同学一组的形式，由老师带领进行答辩。答辩评价重视学习结果，同时也重视学习的过程，因此，这种方式对自己和他人的评价更加客观。另外，这种评价方式还能促进同学间进行合作，鼓励学生之间通过一定形式的协作完成任务。

三、信息技术教学评价实施

（一）课堂测验

信息技术教学课堂测验是在一节课中教师对当次课堂教学的知识和技能进行

评价的方式。这种评价应该围绕教学目标，对当次课的教学重点和难点进行测验，以检测学生的学习效果。在开始上课时教师还可以组织诊断性评价，对学生以往学习的知识和技能进行测验，了解学生对原有知识和技能的掌握情况，为本次课的教学提供支持。

课堂测验属于形成性评价，为改进教学提供了依据。

（二）单元测验

信息技术教学的单元测验通常是在一个学习单元或模块学习结束以后，对整个模块涉及的主要教学目标进行测验。单元测验主要检查学生对整个单元、模块知识和技能的掌握情况。单元测验涉及的教学目标比课堂测验多，在进行测验时应该设置对单元、模块知识和技能综合运用的项目，涉及的教学目标类型往往分为掌握、分析、综合、评价层次，以检测学生的总体把握情况和对单元知识灵活应用的能力。

单元测验属于形成性评价，是为改进整个单元、模块的教学服务的。

（三）期末考试

信息技术教学的期末考试是对课程的总结性评价，是检查学生学习成果和教师教学效果的重要方式。期末考试应该从课程整体目标中的重点、关键点、难点出发，检查学生对基本概念、基本技能、核心知识、主要方法等的掌握情况。期末考试可以采用纸笔测验和上机测验、作品制作等相结合的方式进行，在评价时可以兼顾学习过程中学生的表现，最后对学生作出总体评价。

（四）会考

信息技术会考是高中阶段对信息技术课程评价的最终形式。会考是绝对评价，是总结性评价。会考是对学生在高中阶段信息技术学习效果的总结，我们可以根据学生能否通过会考来判断其学习是否达到了课程标准要求。

信息技术教学评价要体现评价主体的多元化（包括教师、学生、家长等），评价方式的多元化（纸笔测验、上机测验、作品评价等），评价内容应注重基本概念、基本能力、作品创作、综合应用能力等方面的评价。

第三节　信息技术课程中学生评价

在开展学生的信息技术课程的教学活动的过程中，教师要定期或不定期地对教学质量进行检查，对学生的信息技术学习的成绩给予一定的评定。通过一定的考查以及考试获得的分数，对学生学习信息技术所达到的教学目标水平与程度进行一定的量化反映，并对其所具有的价值进行说明。从上述的内容可知，信息技术课程中教学评价的方式是多种多样的，对学生的教学评价，是通过学生的成绩反映出来的。下面对信息技术课程中学生评价的具体内容进行分析和论述。

一、学生评价的方法

对学生的学习进行评价，一般包括定量评价、定性评价以及二者的结合这三种主要的评价方式。

（一）定量评价

定量评价主要使用的是数学的方法，其通过数据资料的收集与处理，对评价对象进行定量结果的价值分析与判断。例如，可以采用模糊数学的方法以及教育测量与统计的方法，对评价对象的具体特性通过数值的形势判断、描述和表现出来。

定量评价注重通过数量的计算，将教育的测量作为评价的基础。它具有鲜明的量化、客观化、标准化、简便化以及精确化等特征。定量评价将评价目标加以数量化，采用定量分析的方式处理评价资料，用数字的形式表示评价的结果。

对学生使用定量评价，一般要用到统计分析的方法有计算平均数、标准差、标准分数、T 分数等。

1. 平均数

平均数具体所反映的是某一组分数所具有的集中趋势，体现了该组分数所体现的一般程度与水平。不同的条件与目的，所能够采用的平均数也是不同的。这里对算术平均数进行简单的介绍，平均数的计算公式有如图 4-3-1 所示的简单算术平均数与如图 4-3-2 所示的加权算术平均数。

$$\bar{x} = \frac{1}{n} \sum_{i=1}^{n} x_i$$

图 4-3-1 简单算术平均数

$$\bar{x} = \frac{1}{n} \sum_{i=1}^{n} x_i f_i$$

图 4-3-2 加权算术平均数

图中 $\bar{x}$ 表示的是学生获得的分数，x_i 表示的是学生的人数，f_i 表示的是某一分数所出现的次数，也就是指权数。

例如，在某一班级计算机基础的上机操作考试中的平均分为 80 分，就说明该班的学生成绩大部分都是集中在 80 分周围，这反映了其考试成绩所具有的一般水平。

2. 标准差

要对一组考生的数据特性进行全面反映，除了采用集中量数的平均数之外，还可以采用标准差的方式。例如，有两组学生参加了 Qbasic 程序设计的考试，第一组的 5 名学生所考的成绩分别是 32、49、99、96、74。第二组的 5 名学生所考的成绩是 67、66、70、74、73。虽然这两种学生所获得的平均成绩是相同的，但是在内部却存在很大的差别。因此，这里就可以使用标准差来对这一组数据内部所具有的差异程度进行反映。标准差所体现的是分数分散的程度以及平均分的具体代表性，其计算公式如图 4-3-3 所示。

$$\sigma = \sqrt{\frac{1}{n} \sum_{i=1}^{n} \left(x_i - \bar{x} \right)^2}$$

图 4-3-3 标准差公式

图中，σ 标准差是通过 x_i 也就是第一个学生的分数，学生考试的平均分数 $\bar{x}$，以及学生人数 n 三者计算出来的。

一般来说，标准差越大，就表示学生彼此之间的分数越分散，分数的差异也就越大，平均分所具有的代表性也就越小；标准差越小，说明学生所获得的分数比较集中，分数的差异也越小，平均分所具有的代表性大。

3. 标准分数

标准分数还可以叫作 z 分数，是以标准差为单位表示一个分数在团体中所处的相对位置[1]，其具体的计算公式如图 4-3-4 所示。

$$z = \frac{x - \bar{x}}{\sigma}$$

图 4-3-4　标准分数计算公式

图中，z 表示学生的标准分，x 是学生的原始分数，$\bar{x}$ 表示学生考试成绩的平均数，σ 是标准差。

一般而言，当 σ 的数值是零时，就表明某一学生的学习成绩同团体的平均成绩是一致的，也就是说这一学生的成绩比较一般；当 z 比零大时，说明这一学生的成绩是高于该组学生成绩的平均数；当 z 比零小时，说明学生的成绩低于该组学生的平均成绩。由此，通过标准分数，能够对某一学生在集体中的名次进行反映。

4. T 分数

由于在标准分数法中 z 的值有可能出现正负的情况，使用起来往往很不方便，因此要经常变换，采用 T 分数法的方法，其计算的公式是 $T = 10z + 50$。

T 分数以 50 为一般；50 以上的，则越大就越优秀；50 以下，则越小就越差。

T 分数同标准分数具有相同的意义，使用这一方式不仅能够对某一学生的成绩在集体中所处的名次与位置进行说明，对学生在不同层次的考试、不同学科上的具体学习情况进行说明，还能将其与个别学生加以比较。

（二）定性评价

定性评价所采用的不是数学的方式，而是依据评价者对评价对象在平时的表现、状态以及通过对文献资料的分析与观察，进而直接对评价对象作出某一定性结论的价值分析与判断，比如教师写评语、评出等级等。

定性评价注重在观察、分析、归纳与描述的基础上进行评价，注重对学生的

---

① 赵波，段崇江，张杰. 信息技术课程标准与学科教学 [M]. 北京：科学出版社，2013.

优点与缺点进行全面的评价，注重教育的结果同教育的目标之间是否具有一致性，是一种具有实质性的内容的评价机制。定性评价的缺点是比较的笼统，有时还会比较模糊，难以进行精确的把握。它建立在一般评价者的经验与印象的基础上，难免带有主观的随意性色彩。定性评价的具体方法有等级判定法与评语鉴定法等，下面进行简要的说明。

1. 等级判定法

等级评定法是一项普遍应用的且最容易操作的绩效评估方法。这一评估方法的具体操作形式是：提供等级不同的描述和定义，根据不同评价要素亦或绩效指标，按照一定等级做评估，再做出综合评价。

等级评定法具有简便易行的优点，但是不够精确，难以对处于同一等级的人之间进行差距的区别。

（1）等级评定法的表现形式

一般来说，等级评定法的具体形式表现为以下几种。

第一，二等级评定法，分为合格与不合格。

第二，三等级评定法，将等级具体分为上、中、下三级。

第三，四等级评定法，将等级分成高级、一级、二级与三级。

第四，五等级评定法，将等级具体分为优秀、良好、中等、及格与不及格。

（2）等级评定法运用的注意事项

虽然等级评定法在操作上是比较简便的，但是也会遇到某些困难和问题。因此，在运用等级评定法进行评价操作时要注意以下几点。

①要将整体的评定与分析评定结合在一起。

②等级评定法要在多次观察的基础上开展。

③要避免产生评分过低或是过高的现象，也要避免都给予平均分的现象。

④最好拥有两个或者是两个以上的条件相当的评定者来开展评分。

2. 评语鉴定法

评语鉴定法就是教师使用简明的评语来对学生的学习结果进行简单的总结和评价。这一方法能够对教学中某些比较模糊的现象进行鉴定与描述。例如，通过评语，教师能够对学生的学习态度与兴趣、上机操作的能力、上课的表现、考试成绩好坏以及作业完成的质量等进行说明，进而对学生的学习情况有一个全面而客观的评价。在我国，这一方法属于一种比较传统的评价方式。其主要的优点就是简便易行，得出的结论一般也一目了然，因此至今仍然十分受欢迎。但是，由于这一考评方法存在很强的主观性，因此很难在评价上做到精确，不能单独进行使用。

（三）定量评价与定性评价的结合

定量评价是进行定性评价的重要基础，定性评价则是定量评价的重要前提与最终归宿。如果仅将评价停留在单纯的数字上，而不和定性评价结合在一起，就可能失去评价的价值与意义。这是因为在具体的教学活动过程中，学生在个性、操作过程、思维品质、解决问题的思路等方面是不可能通过数值进行反映的。如果只停留在定性评价上，而没有确定的、科学合理的数量关系，就难以保证评价的精准性与科学性。

例如，将学生考试中的答对率作为评价标准，并按照定性五级评定的方式来进行。其中答对率为96%~100%的可视为成绩优秀的学生，能够灵活、熟练地掌握并运用教学的内容与具体要求。答对率为86%~95%的可视为成绩良好的学生，能够较好掌握或者是能比较灵活地运用教学的内容与具体要求。答对率为76%~85%视为学习成绩中等的学生，能够基本掌握教学的内容与具体要求。答对率为60%~75%的视为学习成绩及格的学生，能够基本掌握教学中重点与主要内容与要求。答对率在60%以下的则视为不及格的学生，不能够掌握教学的基本内容与要求。

将定量评价与定性评价结合在一起是开展教育评价一个十分重要的原则。但是在具体实际的应用过程中，有些学校会因为定量评价具有比较强的可操作性以及较强的说服力，而将学生评价的重点放在了定量评价上，忽视了定性评价的重要性，也就破坏了学生评价的定量与定性之间的均衡。因此，学校在开展学生的评价时，一定要坚持二者结合的原则，只有做到相互补充，才能对学生的成绩作出真正合理公平的评价。

二、学习成绩测验的主要题型

进行学生学习成绩的测验，其题型是多种多样的。依据信息技术的学科特点，学生的信息技术课程考核主要采用的是"任务驱动"的方法，但也要以规定目的的操作题、填空题以及选择题作为辅助，只有这样才可能充分发挥其在信息技术课程教学中的巨大作用。

（一）基于任务驱动的操作题

基于任务驱动的操作题的考核，能够体现出信息技术系统所具有的实用性与层次性，体现出逐步求精、逐层深入、由表及里的重要考核途径。采用这一考核方式，能对学生独立分析问题的能力、自学能力以及解决问题的能力加以了解。并且，在这一考核方式中，学生通过问题的解决，能够产生学习上的成就感，进而消除对考核的心理恐惧，不断地体会到使用信息技术的乐趣。

（二）规定目的的操作题

规定目的的操作题，通常会让学生实际上机操作，以此来检验其是否已真正掌握了信息技术应用技巧。在进行学生成绩考核的时候，一定要把考核的过程和最终的考核结果相结合。过程考核通常需要提前设计好一定的考核题目，规定完成时间，让学生完成题目。同时，要做好学生上机操作过程的观察和记录，对学生的操作水平进行相应的评分。结果的考核主要是要求学生在一定的时间内完成多个或是单个题目，并且不对学生上机的过程进行考核，而是对其操作的最终结果进行考核，根据最终的水平作出评定。但是，结果的考核往往难以反映学生真实的上机技能与水平，因此，还需要考核者对考核的题目进行严格的选择与控制。

（三）选择题与填空题

选择题与填空题往往是对基础性的知识与原理性等问题进行的判断与考核，如信息技术所具有的特点操作系统的概念与发展、信息技术的发展展望、数据库基本概念、网络通信基础以及计算机系统的基本结构等都是信息技术的重要基础知识，选择题与填空题能够对这些基础知识进行全面科学的考核，为学生解决实际的信息技术问题提供原理支持，进而发挥其应有的作用。

三、 计算机上机操作的评价

(一) 计算机上机操作评价的主要内容

计算机上机操作评价的主要内容有：上机是否有明确的目的、上机操作的具体态度如何、是否对操作规程比较熟悉、是否熟练掌握了具体的操作步骤、对执行过程中出现的某些问题是否具有处理的能力、是否能够对所学的知识进行灵活地运用、是否更简捷地获得结果、实验的结果是否是顺利得到的、与他人相互之间合作的情况、能否使用多种软件来进行自己作品的创作等。

(二) 计算机上机操作的考核方式

计算机上机操作评价的执行，具体可通过上机操作技能的考核来完成。平时，可采用单元测验的方式，也就是进行形成性的考核。到了期末，就可以集中来对学生进行总结性的考核。考核的方式是多种多样的，既有任务驱动模式下作品的考核，也有信息技术技能型内容的上机操作考试。

(三) 计算机上机操作考核试题编制的原则

第一，要有利于学生上机操作的实际能力以及考核思维能力的提升。

第二，以操作技能为基础。

第三，在难度上保持中等水平，进而最大限度地对学生的水平进行区分。

第四，能够较为全面地对考核的内容进行覆盖。

第五，在考核的操作步骤上要繁简适当，便于最终的评定。

第四节　信息技术课程中教师教学评价

一、 教师教学评价的组织与实施步骤

为了保证教学评价工作的顺利进行，教师要制订一个较为周密的组织实施计划，在教学设计环节进行提前的统筹与规划。其主要内容有：专家评价组的成

立、评价标准的确定、信息资料的搜集、教师与学生的自评、统计结果与定性分析、评价结果的反馈。

（一）专家评价组的成立

专家评价组主要是由那些对信息技术教育比较精通的研究人员，或者是具有比较丰富的教学经验的计算机教师、主管业务的校长以及教导主任等组成。为了使评价组的评价更具客观性与权威性，要尽可能地聘请与被评价者没有直接关系与业务的相关专家。评价组在人数上一般应控制在5~9人。

（二）评价标准的制定

评价不可以仅凭个人的经验与印象来进行，也不能仅凭某些数据资料，或者是通过少数服从多数的原则来进行评价。评价的开展，所根据的应该是评价的标准，标准中要对评价的方法、原则与步骤等进行明确规定，进而保证正确地对他人与自己进行评价。

（三）信息资料的搜集

教师教学工作的评价，主要是在教学前、教学中以及教学后的这一全过程的评价，进而发挥对教师的教学以及学生的学习所具有的激励、诊断与促进作用。

1. 教学前

（1）在教学前所进行的教学评价是一种安置性的评价，（图4-4-1）指教师在进行教学活动之前一定要对下面的几项基本问题进行把握，这些问题的掌握有助于教师进行教学安排评价工作的开展。

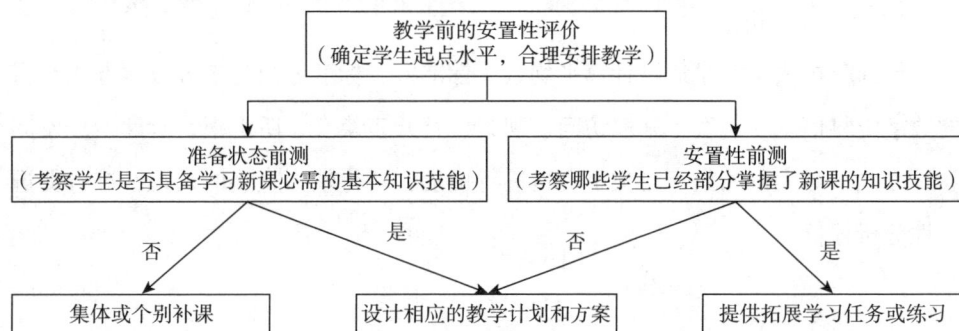

图 4-4-1　教学前安置性评价

（2）教学前安置性评价需要考虑：学生所掌握的知识与技能是否在新的课程中有所体现，其掌握的程度如何，怎样依据学生的情况预先设计好分层次的教学目标以及相应的拓展性学习。

2. 教学中

教师在教学活动的过程中通过形成性的评价手段对学生的具体学习情况进行监控与诊断，进而实现对教学信息资料搜集的动态调整。其具体的方法包括问卷调查法、访谈法、观察法、统计分析法以及座谈法等①。

（1）问卷调查法

问卷调查法主要是通过设计相关的评价信息的问题表格，采取书面填写的形式来进行资料信息的搜集。问卷调查是信息搜集中最基本也是最重要的方法，可以高效地对较为复杂的信息资料进行处理。

（2）访谈法

访谈法主要是采用调查的形式对相关的人员进行访谈或者是找相关的人员进行谈话，进而对教学的情况加以了解，最终获得评价信息的一种方式。访谈法的目的较为明确，针对性也比较强，能够对真实的情况加以了解，从而获得比较深层次、更为具体的信息评价资料。

（3）观察法

观察法主要是对评价指标的具体要求加以分析，在自然的情况下，采取实地考察与参观、听课、亲自参与各个活动项目的方式获取评价信息资料的方法。观察法是对直观而暴露的真实资料信息进行收集的重要方法与手段。

（4）统计分析法

统计分析法主要是通过计算平均数、标准差、标准分数与 T 分数等方式获得的数字资料信息。一般是采取访问、观察、召开座谈会、听汇报、听课、分发问卷等方式来对大量的数字与文字资料进行搜集，获得较为直接的认识，进行促进定性分析评价。

---

① 卓毅. 信息技术新课程与教学［M］. 重庆：重庆大学出版社，2012.

（5）座谈法

座谈法主要是通过邀请某些相关的人员进行集体谈话，对其情况进行了解，进而进行信息评价的方法。这一方法能够获得比较全面的评价信息资料。一般以教师座谈会、学生座谈会以及教育工作人员的座谈会等方式进行。

3. 教学后

在教学活动之后要进行总结性的评价，进而对学生知识与技能的掌握情况进行综合把握，判断教师的教学是否达到了要求。

（四）教师的自评

教师作为教学评价的被评者，可以根据具体的评价标准与内容对自身的工作情况进行分析、总结和评价，这不仅体现了教学评价的民主与科学，还能够激励教师进行自我认识，主动发现工作上的问题与不足，进而明确今后教学工作的方向。

（五）统计结果与定性分析

统计结果就是由特定的人员来对评价组获得的评价结果加以统计分析，计算出专家的评价、他人评价与教师自评等各方面的分数与平均分。再通过加权求和的方式统计出每一项评价的最终结果以及评价的总结结果。最后，还要根据统计的结果，作出定性分析的总结评语。总结评语要求重点突出、文字简洁与优劣评价。

（六）评价结果的反馈

开展教师教学评价的主要目的是进行教学工作的检查与交流，对教学获得过程中存在的问题与不足加以发现和改正，对教学中的优点和长处加以肯定，进而充分调动教师开展教学工作的积极性，提高其教学的水平与质量。因此，在进行教师教学评价时，我们要根据评价的目标、内容以及评价的实际情况，对多种评价方法进行综合运用，实现不同评价方法之间的优势互补。

恰当而及时地对评价结果加以反馈则是教学评价最后的也是十分重要的一个环节，在向反馈者就评价结果进行解释时，还要注意到解释的方式与方法，做到肯定优点与成绩的同时，指出客观存在的不足，既对教学工作表现突出的教师给予肯定和表扬，也要让教师意识到自身存在的不足。

二、 教师教学评价组织与实施的原则

开展教师教学评价的组织与实施的过程需要特别注意以下原则。

（一） 根据具体评价目标与实际情况选择具有效益性与针对性的评价方式

教师与学校在对所采用的评价方法进行优劣的分析与选择时，要从两方面加以考虑，具体表述如下。

1. 评价目标与实际情况

评价方式的选择，首先要考虑能否适应现实的教学情况，如教师的教学风格特点、学生的个性、学校整体的教学目标与方针政策，考虑教学的目标等。同时，评价方式还要符合评价的既定目标，实现评价的目的。

2. 效益性与针对性

评价方式的选择还要讲求效益性与针对性。效益性就是对各种不同的评价方式是否能够符合学校教师与学生的时间与精力、符合信息基础的设施与设备等方面的具体要求进行分析和判断。同时，还要在此基础上，依据班级的规模、经费、时间以及其他的现实条件，有针对性地选择具体的评价方式。如果在教学评价的过程中所采用的是成本较低、省力、省时的评价方式，也能达到相同的评价效果和目的，就没有必要选择那些成本过高的评价方式。这里可以通过多种评价方式综合运用的方式，实现彼此间的相互补充。

（二） 提高教师教学评价的专业技能，促进团队合作

这就是要通过各种各样的信息技术教师培训以及教师自身的自我发展，来促进教师加深对信息技术课程内容与目标以及教学方法的理解，进而使教师不断地对自身的教学进行反思与提高。这还需要教师熟悉相关的评价方法，对这些方法的优点与缺点进行分析，对教学内容与目标的适应与局限进行分析，使其有助于提高教师开展评价的方法技能与信心。

对于那些条件比较好的地区与学校，还可以创建信息技术教学评价的支持与咨询系统，为学校教师提供相关的评价帮助与服务。要积极鼓励学校之间、教师

之间进行信息技术教学评价的经验交流与研讨，积极支持和鼓励教师参与到评价方案的设计之中，提高教师开展教学评价的质量与水平。

此外，学校还要加强与社区、家长之间有关信息技术教学评价上的沟通与交流，使社会与学生家长对信息技术教学的评价方式与理念有一定的了解。同时，还要积极争取行政人员对教师评价工作的支持。

（三）科学利用信息技术开展教学评价，提高评价的效率

信息技术能够在评价题目的编制、评价过程的实施与管理、评价结果的总结与分析等方面发挥较大的作用。如果在进行信息技术教学评价时对信息技术加以科学利用，就能够在很大程度上提高评价的效率。

因此，作为信息技术的授课教师，要发挥自身所具有的技术优势，借助信息技术进行评价资料的搜集、评价素材的管理，在编制评价题目以及制定评价标准等方面发挥辅助的作用；可通过信息技术对学生的学习过程加以记录，从而实现过程性的评价；可通过测验管理软件，将不同的学生采用分层次评价的方式，对评价的时间以及时限等加以管理和控制；可以通过信息技术对测试题目所具有的难度程度进行区分；可以通过电子表格或者是数据库等统计软件对评价结果进行迅速而准确的分析。

这里需要注意的是，要将课程的标准、教学条件与教学目标的具体要求结合在一起。同时，还需要教师将自身的评价经验与信息技术的创造性利用结合在一起，从而对评价活动加以支持。

这一原则十分注重信息技术在教学评价中的实际效果与效益。因此，不能为了应用信息技术而强硬进行教学评价，脱离教学评价的实际与目的，导致考试软件与考试系统使用的呆板与僵化。

第五章　信息技术教师素养与发展

随着信息技术的飞速发展，教育信息化趋势越来越明显。在教育信息化的发展过程中，信息技术教师发挥着非常重要的作用。他们既可以帮助其他学科教师培养信息素养，也可以作为专业教师培养学生的信息素养，还可以作为信息技术方面的教学辅助人员来帮助其他学科的教师开展教学，从而促进信息技术与课程的整合。因此，信息技术教师的素养及专业发展就成为人们重点关注的内容。本章主要论述信息技术教师素养与发展，主要内容包括信息技术教师概述、信息技术教师的素养以及信息技术教师的专业化发展。

第一节　信息技术教师概述

一、　信息技术教师在教育中的重要角色

随着信息技术在教育实践中的作用越来越突出，人们已经开始将信息技术内容整合到各学科的课程中，使信息技术基础知识与能力的培养和各学科的教学过程紧密结合起来。这样就使原本只担任信息技术一门学科的信息技术教师开始承担多种角色。信息技术教师所承担的多种角色其实也反映了其在现代教育中所具有的重要作用及地位。以下是信息技术教师在教育中所扮演的几个重要角色。

（一）信息技术教学活动的组织者

当信息技术作为一门课程时，信息技术教师所扮演的就是信息技术教学活动的组织者。他们需要努力培养学生获取、分析、加工和利用信息的知识与能力，

为学生打好全面、扎实的信息技术基础。由于学生在不同的年龄阶段有不同的认知特征，因而信息技术教师要科学、合理地组织教学。具体来说，信息技术教师在组织信息技术教学活动时，应当注意以下两方面。

1. 教学内容的组织和选择

作为一门课程的教学组织者来说，教学内容的选择是相当重要的。信息技术教师应当认真分析教材，理清各教学点之间的关系，根据学生的认知水平来组织教学内容或是重新选择教学内容。

选择教学内容时，教师应遵循三个基本原则：第一，与学生认知规律相符，满足其学习兴趣；第二，满足学生当前学习生活的需要；第三，为学生以后的发展做准备，也就是说在经过信息技术课程的学习后，学生能够在学习和生活中灵活使用信息技术，并进一步提高自身信息技术水平，增进对信息技术文化的领悟和认识。

2. 教学方法的选择

在教学方法的选择上，信息技术教师应当充分考虑学生的特点和信息技术的特点，所选择的教学方法要能尽量维持学生的注意与兴趣。信息技术是一门新的学科，而且与现实生活有着非常紧密的联系，因此教师可以提供模拟现实生活的场景，然后提出与场景相关的任务，使学生在完成任务的过程中学习，如此不仅能使他们学到知识，而且还能学会应用知识。

（二）信息技术教练人员

当信息技术作为一种教学辅助手段出现时，信息技术教师在某种程度上就承担着教练人员的角色。在这种情况下，信息技术教师面对的不仅是学生，还有可能是其他学科的教师。信息技术教练人员需要对教师进行专门的信息技术指导与培训，在这一过程中，其一定要注意以下几个方面。

1. 信息工具的使用

信息技术教师应指导和培训其他学科的教师能熟练操作计算机，学会一些常用软件的使用，如 Office 软件等，以及一些多媒体课件制作工具的使用，如 PowerPoint、Authorware 等，以及让其他教师学会利用网络工具来检索信息或进行交流，使得他们能机智灵活地应对信息技术与课程的整合。

2. 信息工具与教学的结合

信息技术教师对其他学科教师进行信息技术的培训，主要是为了使信息技术在教学中发挥应有的作用，以提高教学效率，推动整个教育信息化的发展。因此，在培训过程中，信息技术教师还应当帮助教师学会将信息工具与教学充分结合起来。具体来讲，就是教师在学会如何使用信息工具的基础上，可以从教学的需要出发，确定在哪些教学环节及哪些教学内容适合使用信息工具来增强教学效果。为此，教师还应当更新教学理念，认识到计算机等先进的信息工具就是为教学而服务的。

（三）信息素养的培育员与评价者

信息素养指的是，以获取、利用、评价和生成信息为特征，以内化和整合到个体能力系统为目标，将传统文化素养和现代文化素养相结合的科学文化素养，它不仅包括熟练运用当代信息技术获取、解读、处理、传递和创造信息的基本能力，还具备将这些信息基本能力灵活运用于信息问题解决和创造性思维的综合信息能力。对于信息技术教师而言，他们还承担着信息素养的培育员和评价者的角色。

信息技术教师在传授信息技术的时候，不仅要传授技术应用方面知识，特别要加强对学生使用信息技术时的伦理、人文、道德和法治教育，培养出既可以对信息真假进行鉴别，又可以合理使用信息技能的学生。这样一来，学生不仅能够掌握信息使用各项技能和知识，同时还拥有理解与信息技术相关的文化、伦理和处理社会问题的能力，能够合理使用信息技能，为将来的工作学习顺利开展打下良好的基础。

信息技术教师的责任还在于，对其他学科教师进行信息素养的教育及培训。培训的内容包括掌握信息技能、培养信息化意识、转变以往不正确的观念。同时，强化他们利用信息技术为教学服务的意识，使他们学会使用各种多媒体组织信息教学环境，创造性地解决问题，最终使教师具备相应的信息意识、信息素质及信息教育能力。

二、　信息技术教师在学校中的任务分析

信息技术教师是学校中信息素养最高的成员，他们在信息技术传播和信息素养培训中所承担的任务是多种多样的。在学校中，以下三项是其所承担的最主要的任务。

（一）教学

当信息技术作为一门课程时，信息技术教师需要承担教学任务，进一步说就是向学生传播信息技术的任务。信息技术课是一门实践性很强、富有创新性、具有明显的时代发展特点的课程。因此，不管是在教学内容、方法，还是教学过程中，信息技术教师都要进行充分的把握。

（二）学校信息技术系统与应用的支持

在当前阶段下，很多学校都配置了一定的计算机软硬件设备，然而这些设备在教学和管理中并没有较高的使用效率，甚至在有些学校中有些教师和行政人员经常在他们的工作中有意无意地排斥信息技术。这往往是由于两方面的原因导致的：一是这些教师在接受师范教育或在职培训时缺乏信息技术方面的训练，认为信息技术深不可测，是专职信息技术教师的事，与自己无关，所以不敢接触，也不愿接触；二是社会对信息技术的宣传片面夸大，有些教师产生误解甚至抵触情绪。要想改变这种情况，学校就需要给予足够的技术支持，减少教师在信息技术方面的恐惧感和抵触情绪。

信息技术教师正是最佳的技术支持人员，他们不仅具有软件方面的能力，而且具有硬件维护方面的能力。因此，他们在学校中就需要努力去承担学校信息技术系统与应用的支持这一任务。

（三）学校信息技术的培训

信息技术还是一种重要的教学和办公的辅助手段。因此，在学校中，一般学科教师和学校的行政人员都要懂得基本的信息技术，如 Windows 操作系统的使用，一般的文字处理和课件制作工具的使用等，从而有效发挥信息技术的辅助作用。但是，要做到这一点并不容易，还需要进行一定的培训。这样信息技术教师

就不可避免地承担起了学校信息技术培训者的工作。

在培训过程中，信息技术教师应充分注意被培训者是成人，且承担着各种社会角色的特点，因此，信息技术教师应根据一定的原则进行培训，以获得较好的培训效果。具体而言，信息技术教师在培训中应遵循以下原则。

（1）调查教师的迫切需求，按需施教。

（2）理解教师的情感，减少教师的焦虑感。

（3）尊重教师的经历并加以利用。

（4）提供实践机会，鼓励积极参与。

（5）营造一种融洽的学习气氛。

（6）以教师能够理解和接受的方式呈现教学内容。

第二节　信息技术教师的素养

素养，即一个人的修养，其包含着多方面的内容。作为一名信息技术教师，其不仅要具备基本的素养，还要具备一定的专业素养。

一、信息技术教师的基本素养

（一）人格素养

所谓人格，即具有一定倾向性的心理特征的总和，它包括能力、智力、动机、情绪、态度、价值观、自我观念等方面。任何一个教师个体在这些方面都有某一特质的倾向性，不同的倾向在具体的教学活动中会表现为不同的教学行为。对于信息技术教师来说，其人格素养主要反映在以下几个方面。

1. 厚德

厚德在这里是指信息技术教师需要具有良好的教师职业道德、严肃严谨的教学教研作风和甘愿致力于信息技术教育事业的崇高精神。

教师的德行及人格魅力对学生有着非常大的影响，道德品质好的教师更容易取得学生的信任和亲近，容易在学生中树立威信；反之，则很容易遭到学生的反感和抵制。因此，信息技术教师的职业道德如何很关键。所谓职业道德，就是指教师在从事教育劳动过程中应当遵循的行为规范和必备的品德，其主要包括八个方面：依法治教、爱岗敬业、热爱生活、严谨治学、团结协作、尊重家长、廉洁从教、为人师表。

此外，信息技术教师是达成信息技术课程目标的把关人，要把好这个关，信息技术教师一定要树立严肃、严谨的教学教研作风，争取以身作则，促使学校、学生和家长都开始重视起信息技术课程。

2. 慈爱

慈爱是指教师应该具备友善、热情、包容的态度，要尊重、关心、爱护、帮助和理解学生，争取成为学生的良师益友。

信息技术课程是一门较为特殊的课程，学生们普遍比较喜欢这门课程。因此，信息技术教师不仅要对课程目标负责，对学生发展负责，完成既定的教学任务，充分利用本课程的独有魅力提高学生的学习兴趣，还要经常性地鼓励、宽容、尊重和理解学生，促使学生正确认识自我，培养积极健康的情感、态度和价值观。

3. 理智

理智指一个人认识理解、思考和决断的能力。教师要具备理智这一人格素养，就是要时刻保持冷静、清醒、理性的头脑，敏锐地观察，准确地进行判断与选择，客观、清晰、条理地解决问题，讲究实效。对于信息技术教师而言，其理智主要体现在以下几个方面。

（1）敏锐的观察和批判能力

信息技术教师要具有对他人的表情、动作、情绪的感觉能力；具有对课堂教学观察入微、灵敏辨别、灵活应变的能力；具有对教育改革、课程改革、教育和教学环境变化敏锐思考与反应的能力；具有问题意识。

（2）客观公正的态度

不管是对人、对事，还是对物，信息技术教师都要秉持客观公正的态度。例如，客观地看待网络文化、网络道德、网络规范、网络法律等问题，并具有自己独特的见解；客观评价学生的行为，如玩电子游戏等问题。

（3）多角度分析问题

信息技术教师对信息技术有较深的掌握，因此在面对一些问题的时候要学会从多角度进行分析。例如，信息教师应能够从用户角度和程序开发人员的角度分析"公开源代码"运用对软件业的发展和知识产权保护的影响。

（4）善用多种方法解决问题

为了能够更好地解决问题，信息技术教师要学会运用多种思维方法去解决问题。例如，选择使用多种应用软件完成一些棘手的问题，综合选择、运用多种教学模式和教学方法完成教学任务。

4. 上进

上进主要指信息技术教师要学会学习，确立终身学习的思想，不断提高自己的学习能力和心理保健能力，加强自身修养。

信息技术教师之所以要时刻保持一种上进的态度，一方面是因为当今的社会属于学习化社会，学会学习已经是人们生存的必要能力，只有确立终身学习的意识，不断提高自身的教育理论和实践水平，才能更好地立足；另一方面是因为信息技术本身是一个不断发展的动态学科群，信息技术教师只有不断学习，补充新的知识，才能更好地适应新课程的实施。

（二）智慧素养

智慧，即人所具有的基于神经器官的一种高级的综合能力，包括多个方面。信息技术教师的智慧不仅有助于教学效果的提高，还深深地影响着学生智慧水平的提高。信息技术教师在教学实践过程中应当具有以下方面的智慧素养。

1. 语言表达能力

在教学活动中，师生之间"对话"最直接的工具就是语言。也就是说，教师主要是通过语言来传递教学知识和技能的。即使在现代教育领域中，虽然已经普遍地推广和应用了现代化多媒体技术，但是教师的语言仍然发挥着不可替代的作用。有学者指出，所有的学科教学都是一种有组织的社会性沟通现象，都是语言教学，没有沟通与语言的学科教学是不存在的。因此，信息技术教师首先应当具备一定的语言表达能力。

2. 逻辑推理能力

信息技术课程是蕴含众多思想、方法为一体的课程，因此，信息技术教师只有具备较强的逻辑推理能力，才能够胜任。尤其在算法的设计、程序的编写和调试、数据统计和分析等内容的教学中，逻辑推理能力的重要性更为突出。逻辑推理能力强的教师，往往喜欢找寻事物的规律和逻辑顺序，思路清晰，教学结构安排合理。

3. 自我意识能力

自我意识，是指个体对自己的身心状况，以及自己与别人和周围世界关系的认识。它包括三种成分：（1）认知成分，即个体对自己的心理特点、人格特征、能力及自身社会价值的自我了解与自我评价；（2）情感成分，即个体对自己的自我体验，如自尊、自爱、自豪及自暴自弃等；（3）意志成分，属于对自己的控制，如自我检查、自我监督、自我调节和自我追求等。自我意识能力是教师施教、自我提高的重要心理基础。因此，信息技术教师作为一个具有独特人格的人，应当具备自我意识能力，从而实现有效教学。

4. 人际交往能力

交往是指个体在社会生活中交流信息、沟通情感和相互作用的过程。信息技术教师除了要承担信息技术课程教学任务之外，往往还要承担学校教育信息化建设的工作，这必然要与各部门、各方面的人打交道。因此，信息技术教师要具备良好的人际交往能力。在工作过程中，信息技术教师应当特别注意与学生之间的交往和与同事之间的交往。在师生交往上，信息技术教师要充分了解学生，要借助教师的人格魅力和机智，建立平等、民主、和谐的师生关系。在与同事的交往中，信息技术教师应多理解他人，多为他人着想，多进行沟通，寻求合作与竞争之间的平衡，提高自身的协作精神和合作能力。

二、 信息技术教师的专业素养

（一） 教育理论素养

信息技术教育是在先进教育理论的指导下进行的教育活动，因此，信息技术教师应当首先具备教育理论素养。这就需要他们不仅要熟悉诸多的教育理论，还要会灵活应用教育理论。

信息技术教师需要熟悉的教育理论包括学习理论、教学理论、教育心理、教育评价、教育测量教学传播、教学设计等多个方面理论。每一种理论都有自身的优缺点以及适用的领域和范围。为此，信息技术教师应当在不同的时期，针对不同问题，采用不同的教育理论。

在教育理论多元化的今天，已经出现了一些更适合信息技术课程特点、容易为师生接受的理论。例如，多元智能理论与信息技术教育观、后现代主义课程观、建构主义教学观等。信息技术教师应当牢牢掌握这些理论，更好地进行信息教育实践。

（二）信息素养

信息素养是一个多元化、系统性的概念。信息技术教师是培养学生信息素养的第一线教学人员，因此其必须具备信息素养，且应具备更高层次的信息素养。具体而言，信息技术教师需要具备的信息素养主要包括以下方面。

1. 信息意识

美国心理学家戈尔曼曾指出，真正决定一个人成功与否的关键是情商能力而不是智商能力。就情商理论而言，一个人的情商能力在他的工作学习中起着至关重要的作用。由此看来，信息意识与情感则是信息技术教师信息素养结构的基础。

所谓信息意识，即个体在信息活动中产生的认识、观念和需求的总和。其主要包括三个方面的内容：第一，能够认识到信息在信息化时代的重要性，并且确立重视知识、终身学习和勇于创新的新概念。第二，对信息具有高度的敏感性和洞察力，能迅速有效地掌握有价值的信息，发现信息的隐含意义，并善于与自己的实际工作、生活、学习联系起来，善于从信息中找出解决问题的方法。第三，对信息有积极的内在要求，会将对信息的需要自觉地转化为信息的获取行为，以适应社会的发展。

信息技术教师要想具备较高的信息素养，就必须培养和树立起较强的信息意识。这种信息意识主要表现在信息技术教师对信息的敏感度上，尤其是对有关信息技术教育教学信息的敏感度上，他们理应具备较高的捕捉、分析、判断、吸收和利用信息的自觉程度。总之，只有在强烈的信息意识下，信息技术教师才会积极主动地挖掘信息，从而分析、利用信息，以便丰富自身的知识储备，才会自觉敏感地察觉并与自己所关心的问题、所要解决的问题联系起来，时刻想到信息技术，及时运用信息技术。

2. 丰富的信息知识

在信息素养的结构中，丰富的信息知识也是很重要的一个组成部分。所谓信息知识，即与信息有关的信息的本质和特性、信息运动的规律、信息系统的构成及其原则、信息技术和信息方法等方面的基本知识。信息技术教师的工作具有一定的特殊性，因此也就决定了他们所需要理解和掌握的信息知识具有一定的特殊性和具体性。总的来说，信息技术需要掌握的信息知识主要包括以下几个方面。

（1）基本信息知识

基本信息知识就是指传统的信息文化知识。在信息化时代，传统的信息文化知识依然重要。作为一名信息技术教师，必须具备以下基本信息知识：第一，信息技术的基本常识与历史，包括信息技术常用名词术语、各种信息技术及信息技术的特点。第二，现代信息技术的发展与学科课程整合的知识，信息、数据、计算机、多媒体及信息网络等概念。第三，计算机的基础知识，Windows 操作系统软件、Word 文字处理软件、PowerPoint 幻灯片制作软件、Excel 电子表格制作软件等常用应用软件的安装和使用原理与概念。第四，信息系统的工作原理，如信息系统是如何按照人们规定的算法、执行人们编制的软件而进行工作的。

（2）网络知识和多媒体知识

在当今信息化社会中，网络知识和多媒体知识对教师来说是非常重要的。信息技术教师必须掌握网络基本知识，具备基本的网络操作能力。例如，信息技术教师应当熟悉网络的特点，掌握网络的一般原理，能够利用网络实现资源共享，实现网上教学，能够利用 Web 浏览技术建立课程的多媒体网站（页）发布自己的观点，利用电子邮件跟同行或学生进行交流；还应掌握国际互联网操作技术，学会利用网络搜索数据、传输文件和进行网络交互式教学；同时还应具备尊重知识产权和遵守网络伦理道德的素养。

多媒体知识也是信息技术教师必须具备的信息知识。这主要指信息技术教师必须了解各种软件的作用，了解一个信息系统通常兼容哪些软件，以及区分系统软件和应用软件，还必须掌握信息系统各种软件的使用。

3. 信息能力

所谓信息能力，是指人们有效地利用信息设备和信息资源获取信息、加工处理信息以及创造新信息的能力。作为信息技术教师，除了要具备一般的信息能力外，更需具备运用信息技术进行教育教学的能力。

（1）基本信息能力

教师的基本信息能力主要包括信息系统的应用能力、信息的搜索获取能力、信息的加工能力和信息的应用能力。

①信息系统应用能力

这主要包括对信息系统软件系统的使用能力和硬件系统的操作能力。例如，能使用 Word、Excel、Flash 等软件熟练地操作多媒体计算机，能轻松自如地进行网上通信、发邮件、查询、浏览等活动。

②信息搜索获取能力

这主要表现在教师搜集获取信息的效率和质量上。具备这一能力，教师不仅要加深对信息源了解的广度和深度，还要加强对信息检索工具和检索方法的掌握程度。

③信息加工能力

这主要是指教师对所搜集获取的信息进行分析鉴别，对筛选出的信息进行再分析、再综合，最后整合、升华为自己的思想观点的能力。

④信息应用能力

信息技术教师首先应该是信息技术"工程师"，他们应有较强的动手能力，如在编程、网站设计、多媒体制作等方面能够为学生操作示范；其次，信息技术教师应该能够成功地应用信息技术解决实际问题。

（2）教育信息能力

教师的教育信息能力主要包括三个方面，即教育知识管理能力、信息化教学能力和信息教育能力。

①教育知识管理能力

这主要是指信息技术教师在面对海量网络信息资源时，应能够有效地获取、加工、处理这些信息资源，能够将各种教学资源转化为网络式的规范知识集合，并进行开放式管理，以实现知识的生成、利用和共享。要想具备这一能力，教师就应当了解知识管理的积累、交流和共享的基本原则；学会使用知识管理的工具，如生成、编码、转移工具。

②信息化教学能力

信息化教学主要是以计算机多媒体技术、网络技术、仿真技术、人工智能、虚拟现实等现代信息技术为技术支持，以先进的教育教学理论为指导，对教学进行的全方位变革。信息技术教师的信息化教学能力，主要是指教师能够深刻理解现代教育教学理论和能够熟练掌握各种现代信息技术，并且能将二者有机结合。

③信息教育能力

信息技术教师是信息技术教育的主要执行者。因此，他们必须具备较高的信息教育能力。这主要是指信息技术教师能在自己的工作、学习、生活中自觉地运用信息技术，营造出浓厚的信息文化氛围，使学生能够从教师身上充分地感受到信息的魅力，从而激发他们学习信息技术、应用信息技术和自觉提升信息素养的动机。

（3）信息创新能力

信息技术教师的信息创新能力主要表现为其具有勇于创新的精神和灵活的创新思维，能够及时更新知识结构，掌握信息技术的教学和学习方法，把握信息技术发展的前沿和满足不断更新的社会需求。

4. 信息伦理道德

信息技术是一把双刃剑，它在为教育教学信息的获取、加工、传输带来极大便利的同时，也带来了许多违背伦理道德的问题，如网络安全、电脑黑客、电子欺骗、个人隐私问题、版权问题、色情暴力等。这些问题的产生要求处于信息社会中的每一个人要具备良好的信息伦理道德。作为信息技术教师，更是要以身作则，具备较高的信息伦理道德。

信息技术教师的信息伦理道德主要体现在以下几个方面：第一，正确认识全人类利益和民族利益的关系；第二，自觉遵守网络道德规范；第三，熟悉相关的法律、法规，为学生树立信息伦理道德和遵纪守法的典范；第四，自觉抵制来自信息技术环境的不良影响。

（三）教学组织和管理能力

1. 教学组织能力

作为信息技术教育教师，应当具备教学组织能力这一素养。教学活动是一系列相对独立的、首尾衔接的教育链，每一个节点的内容、结构、形式都是非常丰富的，节点与节点之间的编排也是多种多样的，这都需要教师进行精心组织。信息技术教师的教学组织能力应当包含以下几个方面。

（1）教学环境构建能力。这既包括自然环境的构建，也包括心理环境的构建。总之，信息技术教师要构建起合适的教学情境、积极主动的学习氛围。

（2）教育信息处理能力。这主要包括对教学内容的处理能力和教学过程信息的处理能力。例如，信息技术教师能够选择与整合教材内容和课程内容，正确理解和处理学生在教学过程中的问题。

（3）教育传导能力。这是指信息技术教师能够采用适当的教学策略将处理过的信息向学生输出，使之作用于"学生身心"。

（4）教学模式。方法的选择与运用能力。这是指信息技术教师能够在教学活动中选择运用多种教学方法，促使学生在行动上和思维上积极参与教学。

（5）合理安排教学环节的能力。这是指信息技术教师能根据信息技术课程的特点，寻求各种"变式"，通过探究、合作、讨论、练习等活动方式的巧妙安排，以达到更好的教学效果。

2. 教学管理能力

信息技术教育教学活动对信息技术教师的教学管理能力也提出了较高的要求。

首先，信息技术教师要具有科学的管理理念，无论对人，还是对教学资源的管理，都要本着"以人为本，科学管理"的理念进行。

其次，信息技术教师要提出恰当的教学管理方法并予以实施。例如，建立课堂规则和秩序，规范学生行为，并做到批评与奖惩结合、教师监督与学生自治结合等。

最后，信息技术教师要具有吃苦耐劳的精神和创新精神。在教学管理工作中，有了这两个精神，教师将更容易收到较好的管理效果。

（四）科研素养

信息技术教师的角色不应仅仅停留在教学活动的组织者、信息技术的教练人员和信息素养的培育员上，还应当积极作一位教育专家，教学的研究者。这就需要教师具备一定的科研素养。

1. 具备问题意识，善于发现问题

提出一个问题往往比解决一个问题更重要，这是爱因斯坦和英费尔德曾指出的一个事实。

对于教育科学研究来说，其主要目的就是拓展教育科学知识和解决教育问题。那么，信息技术教师要从事教育研究，就应当从教育实践中发现问题、提出问题开始。通常来说，教师可从课堂教学模式与方法、信息技术课程学习方式与其他学科学习方式的比较研究、信息技术教学资源的开发与管理、信息技术与课程整合等多角度，通过文献调研、观察与教育实验，以及关注国家和地方各部门的课题规划等途径去发掘课题。教师确定课题后，需要提出具体的课题研究规划，进而根据规划进行研究活动。

2. 恰当运用研究方法，科学地解决问题

科学的研究方法是创造性解决问题的前提。因此，信息技术教师在教育科研中，应当针对具体的问题和条件，选择恰当的研究方法，从而科学地解决问题。这就需要教师首先掌握在教育科研实践中可能用到的多种研究方法。例如，调查研究法，包括文献调查法、问卷调查法、访谈调查法、个案调查法等；实验研究法，包括单组实验、等组实验和轮组实验等；行动研究法，即通过计划、行动、观察和反思，使教师在实际工作之中不断提高解决问题的能力，进而实现实践水平的螺旋上升的方法；评价研究法，即依据明确的目标和一定的标准，采用科学的方法，测量对象的功能、品质和属性，并对评价对象做出价值性的判断的方法。

3. 科学分析与处理资料，发表研究成果

信息技术教师的科研素养还表现在能够搜集到有用的资料和实验数据，利用统计学、逻辑学等方面的知识进行科学分析和处理，挖掘各种现象、数据之间的联系，得出研究结论，并最终发表研究成果。

一般来说，常用的研究成果的表现形式有研究报告和研究论文两种。研究报告一般包括调查报告、实验报告、经验总结报告；研究论文则通常包括经验型科研论文、理论探索性科研论文、学术型科研论文。信息技术教师只要掌握它们各自规定的写作格式，并从一些权威期刊、网站上总结一些经验，就能很好地表达研究成果。

第三节　信息技术教师的专业化发展

在新的时期内，信息技术教师不但要贯彻执行新的课程标准、具备良好的教师素养，还需要具备独特的教学风格，成为信息技术课程教学、研究的创造先锋。这就促使众多学者将目光投向了信息技术教师的专业化发展。

一、 教师专业化发展概述

(一) 教师专业化发展的概念

就我国而言，不同学者对教师专业化的发展有着不同的理解。以下是几个典型的解释。

朱玉东认为，教师专业化发展是指教师在专业素质方面（专业知识、专业能力、专业信念和专业情意等）逐渐成长和成熟的整个过程。这一过程是贯穿在教师职业生涯中的[①]。

唐玉光认为，教师是教育教学专业人员，其发展经历了一个从不太成熟到比

---

① 朱玉东. 反思与教师的专业发展 [J]. 教育科学研究, 2003 (11): 26-28.

较成熟的过程。教师专业发展空间具有无限可能；教师的发展是绝对的，成熟是相对的；教师发展内涵较为丰富，既涉及教师知识经验和技能经验的积累，也涉及教师自身素质、能力的提高，还涵盖了教师教学态度的转变、教学情感升华等方面的内容①。

肖丽萍则提出，教师专业化发展是促进教师职业素养逐步提高的过程。在这一过程中，教师可以通过学习进修等方式来提高自身的工作能力，并促使自身的人生价值得到最大限度的发挥②。

实质上，教师专业化发展的概念可以从两个方面来看，从"状态"意义上来看，教师专业化发展反映着教师的专业化程度或水平，如学历水平、教育教学能力、社会地位等。从"过程"意义上来看，"化"是一个渐进的过程，教师专业化发展是一个教师个体和群体不断提高教育教学能力、不断发展和成长的过程。

（二）教师专业化发展的意义

教师专业化发展不论是对社会、学校、学生而言，还是对于教师自己来说，都具有非常重要的意义。概括而言，教师专业发展的意义主要包括以下几点。

1. 有利于教育事业的发展

首先，教师专业化能够推进教育理论创新。教师专业化能够促使教师和教育专家深刻认识到教育是一种特殊的、复杂的精神活动，需要教师分析和探讨教学活动的规律。教师专业化发展将会引起教育理念的多样化发展，会出现大量的教学思想、教学流派，这些不同思想的争论会进一步激发教师群体的专业化水平，进而推动教学理论体系的不断丰富和完善。

其次，教师专业化发展能够指导和影响教学实践，促进教育事业的有序、健康发展。国家和教育主管部门确立了一系列针对教师的资格、文化素质、心理素质、个性修养的规定，教育部还规定要全面实施教师"资格制度"，引进竞争机制，完善教师聘任制，破除教师职业"终身制"和"身份制"，开通"下岗"

---

① 唐玉光. 教师专业发展与教师教育［M］. 合肥：安徽教育出版社，2008.
② 肖丽萍. 国内外教师专业发展研究述评［J］. 中国教育学刊，2002（05）：61-64.

"分流"的渠道。这一系列的举措实际上是对教师提出了更高的要求，要求教师走专业化发展道路。当教师专业化得到发展时，必然有助于促进教育事业的健康发展。

2. 有利于培养优秀的教师人才队伍

教师的专业化发展是一个持续性的社会化过程，在这个过程中教师的个性得到不断的发展，自身的职业素质和能力不断得到提高。有关教师专业化发展的研究表明，教师的专业化发展虽然与师范教育有很大的关系，但一位优秀的教师或教学人员，必定是在教育教学实践中不断形成的。由此看来，教师专业化发展还能有效地培养优秀的教师人才队伍。

3. 有利于促进教师个人的成长和发展

首先，教师专业化发展要求教师有合理的文化素质结构、高尚的职业情感和品格特征以及良好的教师职业的行为规范，如乐观向上、宽容大度、激励学生的个人品格等。教师专业化发展极大地促进了教师职业道德的提高。

其次，教师专业化发展要求教师不仅要系统地掌握所教学科的基础理论和知识结构，而且教师要有特殊的教学技能和能力，如课堂组织能力、语言表达能力、沟通协调能力等。因此，可以有效提高教师个人的教育教学能力。

最后，教师专业化发展还能提高教师个人的科研能力。因为专业化发展要求教师还要作为研究者，认真钻研有关的教学研究成果，主动去扩充、更新知识，科学地分析和概括教学活动。苏霍姆林斯基提出，在劳动过程中进行创造性思考是热爱劳动的源泉之一。创造性研究的意义在于教师通过对教育过程中尚未被人注意的某个方面的研究，从而从根本上改变对自身劳动的看法。因此，教师进行创造性的教学研究还能激发他们的工作热情和工作积极性，使他们不再把教育工作看作是单调乏味的重复或千篇一律的讲课和复习，而是一种持续的、常新的、独一无二的创造活动。

（三）信息技术教师专业化发展的内涵

对于信息技术教师专业化发展的研究目前还处于初步阶段，因此对它的内涵解释还不是很充分。信息技术教师专业化发展就是使信息技术教师的教育教学工作从一种职业或行业向一种专业发展的过程。这一过程应以信息技术教师专业化为目标，以教师个人成长为导向，以教师专业理念、专业知识和专业能力的提高为内容。

专业理念是教师走向专业化发展的动力，同时也为教师可持续发展提供能量。作为一名信息技术教师，要想自觉摒弃传统观念中与新课程精神不相符的东西，就应当不断结合自己的教育教学经验重新构建自己的专业理念体系。

专业知识主要包括信息技术专业知识、教育教学科学理论知识和实践性知识方面。其中，实践性知识是教师教学能力的重要来源，主要包括教学技术规则、教学经验、教学情境知识、教学决策判断能力的知识和实践化的学问知识，这些知识的增长都要求教师在教育教学实践中具有探究意识和探究能力，自主进行教学目的、教学内容、教学策略、教学资源、学生角色、教师角色、学习评价等的设计，促使教师向更自觉更主动的专业化方向发展。

专业能力主要指信息技术教师在育人中所表现出来的教育教学能力的总和。它包含信息能力、语言表达能力、人际交往能力、逻辑推理能力、教学组织和管理能力等。

二、 信息技术教师专业化发展的影响因素

由于信息技术课程在学校教育中长期不受重视，因此信息技术教师在学校教育中往往都是"在夹缝中生存"，地位低待遇差、工作繁杂、专业成长缓慢。有学者经过相关研究发现，与其他学科相比，信息技术教师当前的专业地位仍然不高。具体分析可知，信息技术教师专业化发展不利，主要受到内外部两方面因素的影响。以下对信息技术教师专业化发展的影响因素进行一定的分析。

（一）外部因素

1. 信息技术

随着信息技术的飞速发展，信息社会已然到来，但如今信息技术在教育中处于什么位置，目前还没有达成共识。"信息技术是否是一门基础学科""信息技术中的哪些内容适合作为教育内容？""信息技术是认知内容、学习工具、整合

工具?""信息技术课程如何定位、如何开设"都是大家一直在争论与探讨的问题。这些内容的无法确定在很大程度上制约了信息技术教师的专业化发展。

2. 学校制度文化

学校的制度文化主要是指学校因为受到社会、国家政府的影响和学校内部运转的需要而在长期的自身发展过程中形成和发展起来的学校内部人员的行为准则、道德规范、群体意识、生活习惯等。主要依托学校中的各种条例、规章制度、行为规范、纪律等来发挥作用。

在管理制度方面,当前有很多学校的管理制度还不完善,缺乏必要的工作分配制度、奖励制度、学习制度以及督导制度等,尤其是对信息技术教师的管理、奖惩及发展缺乏明确的管理条例和规范,因而导致许多信息技术教师不仅要负责信息技术课程的教授,同时还要负责多种任务。沉重的工作负担使得许多信息技术教师的职业认同感较差,缺乏工作热情,难以进行专业化发展,这显然是受到了学校制度文化的影响。

3. 培养与培训机制

当前阶段下,教师教育学科分类中还没有信息技术教育专业,因此信息技术教师的培养主要由师范院校教育技术学专业和计算机科学与技术专业来承担。但是,实际情况是,这些专业的培养目标、课程设置和实施往往不能很好地满足信息技术教师的素质要求和信息技术教育发展的需要。

尽管教育部门也开展了促进信息技术教师发展的各种培训,但明显存在很多问题。例如,经常参加培训的只是少部分信息技术教师,有的信息技术教师从未参加过培训;培训内容偏多,形式僵化,无法满足教师工作、学习和发展的需要。

从上述来看,培养和培训的体系和机制的不完善也深深地影响着信息技术教师专业化发展。

4. 教育资源

对信息技术教师的信息技术教学起着最直接影响的就是学校的信息化硬件配置。随着信息技术教育的普及,学校的教学资源得到了一定程度的更新。但是,有一些学校花了大量财力购置了计算机、连通了网络,却不能有效地利用这些资源。同时，很多学校在教育资源上还是比较匮乏。信息技术教育资源方面的问题必然会影响信息技术教师专业化发展。

（二）内部因素

除外在因素外，内在因素也是教师专业化发展的重要影响因素。一般而言，信息技术教师如何发展，发展到什么程度主要还是取决于信息技术教师本身。影响信息技术教师发展的内部因素主要表现在以下几个方面。

1. 工作需要和工作动机

由于信息技术课程没有被列入高考课程之中，所以，信息技术教师在学校中虽然有需要，但不受重视，教学任务少，奖励与升职的机会也少。这就使得信息技术教师在专业发展上往往处于维持现状的状态中，缺乏进一步提高和发展的需要和动机，这势必会影响信息技术教师的专业化发展。

2. 专业精神

当前，有很大一部分信息技术教师对信息技术专业认识和理解还不充分，对信息技术专业也缺乏信心，因而常常灰心丧气、无所事事、怨天尤人、得过且过，工作极度缺乏自觉性和主动性。这归根结底是因为信息技术教师自身的专业精神不强，专业精神不强必然影响信息技术教师的专业化发展。

3. 专业知识结构

信息技术教师的来源往往比较复杂，有研究显示：有来自物理专业的、数学专业的、教育技术专业的、计算机专业的，甚至还有来自语文、英语、生物等专业的。这往往就会出现这样一个问题，信息技术教师的专业知识结构和能力结构不完善。专业知识结构不完善必然影响信息技术教师的进一步发展。

4. 合作团队

在当前的各级各类学校中，信息技术教师的编制都比较少，这就难以形成较强的信息技术教学科研团队。在这种情况下，信息技术教师的合作意识往往比较淡薄，缺乏合作团体和科研氛围，也就使教师难以得到较好的发展。

三、 信息技术教师专业化发展策略

信息技术教师的专业化发展是信息技术教师的专业理念、专业知识和专业技能自我成长的过程，是其内在专业结构不断更新、演进和丰富的过程，也是其职业理想职业道德、职业情感、社会责任感不断成熟、不断提高、不断创新的过程。在该过程中，既需要教师自身的不断努力，也需要外界给予适当的支持。以下是教师专业化发展的一些重要策略。

(一) 制定合理的自我专业化发展规划

信息技术教师的专业化发展是贯穿其整个职业生涯的，其需要一定的规划来形成重要指导。因此，促进信息技术教师专业化发展的首要策略就是制定合理的自我专业化发展规划。

通常而言，自我专业化发展规划包括以下几方面内容。

1. 自我认知与评估

一名信息技术教师首先应当做的就是分析自己的优势和缺陷，识别自己的专业发展需要。

2. 确定专业发展目标

信息技术教师在对自己有一个清楚的认知时，就应当确定好自己的专业发展目标。一般来说，专业发展目标分短期、中期和长期目标，这三种目标应当配合恰当，具体明确，具有一定的灵活性。此外，同一时期目标不宜多。

3. 设计发展方案

信息技术教师根据确定的专业发展目标可以设计出较为详细的发展方案。在设计方案时，信息技术教师要具体分析目标达成所需的条件、专业发展任务和完成专业发展任务所需的活动等，如听课、研讨、实施行动研究、临床指导、同伴操练、写反思日志、教学叙事、参加专业组织活动、掌握和运用新技术等。

4. 实施专业发展

信息技术教师应当按照确定的专业发展目标和设计的发展方案逐步实施。在实施过程中，信息技术教师要根据个人兴趣、价值经验或潜能充分把握各种各样的专业发展机会，如掌握新的信息技术思想和教学应用、探索新型教学模式、革新教学方法和开发新的课程等。

5. 评价和反思

在每一次专业发展活动完成后，信息技术教师应当对专业目标、发展方案和具体活动的效果进行一定的评价，了解预期目标是否合理，发展过程是否理想，发展活动是否适宜。如果发现其中存在问题和不足，则应针对它们进行反思，并在下一次的专业发展活动中进行改善，促进最终专业发展目标的有效达成。

（二）积极开展教育实践

信息技术教育培训、教研活动的开展虽然能够有效促进信息技术教师的专业化发展，但对信息技术教师而言，课堂教学实践经历才是其最重要的发展途径。

事实证明，课堂教学在促进学生发展的同时，也能在很大程度上促进教师的发展。因此，信息技术教师应当利用课堂，积极开展教育实践。在课堂教学实践之前，信息技术教师要对信息技术课程的《课程标准》、信息技术教材、教学设计理论和相关研究进行深入的学习，并对语言表达能力、逻辑思维能力、信息处理能力、媒体操作能力、教学进程的控制能力等各种实践能力进行训练。在课堂教学进行时，信息技术教师则要以专业知识和技能为基础，创造性地进行教学。此外，信息技术教师还应当不断地调整与反思课堂实践，促进自身专业的成长与发展。

对于不同阶段的教师，课堂教学实践的重心应当有所差异。通常来说，职前信息技术教师应该以信息技术专业的知识和技能训练为主，夯实基础；初任信息技术教师应以观察和模仿有经验教师的课堂教学实践为主，在观察和总结的基础上，模仿和进行自己的课堂教学实践；成熟阶段的教师应该根据自己的课堂实践进行教学研究，通过研究促进教学质量的提高，同时进一步发展自己的专业技能。

信息技术教师积极开展课堂教学实践，不仅可以丰富自身教育教学经验，而且可以逐渐提高自己的专业能力，改变专业态度，并形成教师的教育智慧。

（三）基于技术优势，利用网络资源发展自我

信息技术教师还可以基于技术优势，利用网络资源发展自己的专业素质。这是一种灵活、自主的学习方式，也是信息技术教师专业化发展的重要策略。

利用网络资源的学习是以信息技术教师为中心的，学习过程强调资源的丰富性，信息技术教师通过对学习资源的学习归纳和整理，来完成专业发展目标。另

外，这种学习过程是信息的获取和理解的过程，是一个解决问题的过程和自主专业发展的过程。信息技术教师通过这一过程能够强化自己的知识基础和技能体系，能够更好地帮助自己从事信息技术教学，提高信息技术教育的质量，从而满足专业发展的内在需求，推动专业发展目标的实现。

目前，基于信息技术教师的技术优势，借助网络平台开展的支持信息技术教师专业发展的主要方式有博客和 MOODLE。

1. 博客支持的信息技术教师专业化发展

《博客文化与现代教育技术》是我国教育技术领域中第一篇研究教育博客的论文。教育博客不但引起教育技术领域中许多研究人员的关注，也激起了一线教师的关注与兴趣。因此，通过教育博客促进教师专业化发展一时成为我国的热潮。

上海师范大学教育技术系建立起了"东行记"教育博客，这逐渐成为高校教育技术专业的教师、研究生和广大一线中小学教师交流与共享思维火花的信息环境，为教师专业化发展提供超越时空的发展平台。广州市天河区教育局建立起了"天河部落"教育博客平台，该博客以其迅速的发展趋势自发地被全国很多省区、学校以及个人所使用。该博客由教育业务或行政部门提供博客平台，为师生家长服务，并以教师为主要服务对象。将博客与教师成长、教研活动紧密结合，不断探索与本地区教育发展相适应的具有地区特色的教育博客群。这些博客群不断推进了教师的专业化发展。

在近几年内，这种教师博客服务更是得到了长足发展，范围已经扩大到全国很多个地方。新思考—信息技术课程频道、李艺信息技术课程志、苍山博客行（中小学信息技术教育）等都是信息技术教育领域比较有影响力的博客。

教师博客属于社会性软件，它在技术上具有超时空性，能给广大信息技术教师提供一个网上学习和生活的平台，这样的平台能够很好地推动教师专业化的发展。

2. MOODLE 支持的信息技术教师专业化发展

MOODLE 是一种面向对象的模块化动态学习环境，实质上是一种学习管理系统（LMS），一种基于"社会建构理论"设计开发的免费开放源代码的软件，其为基于网络课程的教与学提供全面支持。它提供了强大的创建和管理学习对象的工具，能够满足各种教学活动的需要：从课程内容安排、考试设计、教学评价、师生互动，到丰富的资源的提供、教学活动的安排与组织……

信息技术教师通过这样一个网络教学平台，能够促使其积极开发自己独特的课程，体现自身的教育教学理念，关注多样化的教学评价设计与实施，加强与学生之间的交流与沟通。

上海市闵行区启动了《基于 MOODLE 的信息化课程设计与应用促进教师专业发展的研究》课题，并取得了初步成果：建立了区域信息化课程设计平台——"魔灯闵行"，建立了 101 门课程。通过针对教师的 MOODLE 促进信息技术教师的专业化发展，确实是一个不错的途径。

（四）利用教学研究，不断反思提高自我

信息技术教师要想提高自己的教学能力，促进自己的专业发展，还可以积极开展教学研究，这往往是针对成熟阶段的信息技术教师而言的。信息技术教师有意识地依据自己的教学实践开展教学研究，发展自己的专业知识，确实能够促进自己的专业成长。一般来说，教学反思研究和教育行动研究是对促进教师专业成长非常有效的两种研究方式。以下进行简要阐述。

1. 教学反思研究

教学反思研究关键在于教师如何反思。一般说来，教师反思的对象可以是教师的一切教育教学活动；反思的内容可以是外显的行为，也可以是行为背后行动者的观念或知识基础。信息技术成熟的教师可以通过学生进行反思，也可以通过同行、同事进行反思，还可以通过阅读进行反思。与一般教师的反思相比，信息技术教师在成熟阶段的反思表现出了以下特征。

（1）反思的立足点和回归点来源于信息技术教学实践。

（2）反思的方式是批判与重构，将一般理论转化为个人实践理论。

（3）反思的目的是实现自我认识、自我更新与自我超越。

由上述反思的特点可以看出，信息技术教师在成熟阶段进行教学反思研究，确实能够促进自己的专业成长。

2. 教育行动研究

行动研究就是指研究人员与教育实践工作者针对实际的教育活动或教育实践中的问题，不断提出改进教育的方案或计划，用以指导教育实践或教育活动，同时又依据教改研究计划实施进程中不断出现的新问题，进一步充实和修正、完善计划或方案，不断提出新的目标。信息技术教师通过行动研究，能有效促进其专业化发展。这主要表现在以下几个方面。

（1）教育行动研究能够促进信息技术教师不断学习。行动研究的过程为信息技术教师的学习提供了强大的动力和明确的方向。行动研究中教师实际上在进行一个有目地学习理论、学习同行经验、学习别人的优秀实践的过程。因此其有助于教师结合实际工作中问题的发现、问题的归因、措施与行动、评估与反思这些过程进行学习，体现"学习工作化，工作学习化"的理念。

（2）教育行动研究能够促进信息技术教师完善专业知识结构和实践智慧的发展。实践性知识是教师专业发展中重要的知识，在行动研究中通过对自身教育教学实践的反思，有利于改进自身教育实践活动和解决实际问题的知识和方法，完善自己的专业知识结构。

（3）教育行动研究能够使信息技术教师养成对自身工作进行反思的良好习惯。教育行动研究往往是按照"实践—反思—行动"的方式进行的。因此，它是信息技术教师把"反思"落实到教学、落实到工作的途径，是将"反思"从观念层面落实到实践层面的过程。在行动研究过程中需要信息技术教师根据归因结果反思自己的工作，并对自己的教育行为做相应的调整。

（4）教育行动研究能够增强信息技术教师的工作责任心和敬业精神。行动研究的过程实际上是信息技术教师在实际工作中主动发现问题、诊断问题和解决问题的过程，这本身就是教师工作责任心和敬业精神的一种具体体现。

（5）教育行动研究能够培养信息技术教师的交流与合作精神。在教育行动研究中，尤其是在发现问题、探究问题、实施研究、评估等过程中，教师都不能避免与同行交流。教育活动研究能有效地提升教师交流与合作的目的性和针对性，培养教师的交流合作精神。

参考文献

［1］刘维胜，姜海. 信息技术［M］. 重庆：重庆大学出版社，2018.

［2］王雅琴. 信息技术［M］. 太原：山西人民出版社，2001.

［3］周迎春. 面向 STEM 的 Scratch 创新课程［M］. 北京：人民邮电出版社，2017.

［4］刘宝忠，刘伟，朱思斯，等. 信息技术［M］. 北京：人民邮电出版社，2015.

［5］林青. 小学信息技术［M］. 福州：海风出版社，2006.

［6］王劲松. 微课实录丛书·中小学信息技术卷［M］. 宁波：宁波出版社，2017.

［7］韩海鹰. 小学信息技术教师培训教程［M］. 北京：华夏出版社，2000.

［8］王玉芹. 中小学信息技术教学论文集［M］. 石家庄：河北教育出版社，2007.

［9］黄旭明. 中小学信息技术教学法［M］. 长春：东北师范大学出版社，2005.

［10］马宁. 中小学信息技术有效学习评价［M］. 北京：北京师范大学出版社，2015.

［11］陆晗. 物联网背景下小学信息技术创新教学手段探究［J］. 教育界，2022（21）：47-49.

［12］苗依. 小学信息技术课堂引入游戏编程的策略分析［J］. 求知导刊，2022（21）：39-41.

［13］祁海霞. "推陈出新革故鼎新"：如何开展小学信息技术教学创新［J］. 小学生（下旬刊），2022（7）：58-60.

［14］袁延军. 小学信息技术项目化教学实施分析［J］. 教学管理与教育研究，2022（13）：99-100.

［15］黄翠娟. 小学信息技术线上教学优化策略探析［J］. 中小学电教（教学），2022（7）：49-51.

［16］林燕. 网络情境教学在小学信息技术中的应用［J］. 华夏教师，2022（14）：

43-45.

[17] 张永华. 在小学信息技术学科中培养学生计算思维的策略研究 [J]. 天天爱科学（教育前沿），2022（5）：157-158.

[18] 宗岩. 小学信息技术教学中探究式学习模式的应用 [J]. 中小学电教，2022（5）：61-63.

[19] 刘玮. 基于网络环境的小学信息技术微课教学探究 [J]. 新课程，2022（26）：136-137.

[20] 朱清懿. 小学信息技术微课的设计与应用研究 [J]. 亚太教育，2022（12）：88-90.

[21] 莫思曼. 信息技术核心素养背景下的小学项目学习的表现性评价研究 [D]. 南昌：南昌大学，2022.

[22] 黄若辰. 5E 教学模式在小学信息技术教学中的应用研究 [D]. 南昌：南昌大学，2022.

[23] 石影. 数字故事在小学信息技术编程教学中的应用研究 [D]. 呼和浩特：内蒙古师范大学，2022.

[24] 谭春艳. 小学信息技术课堂教学中 BOPPPS 互动策略的研究 [D]. 桂林：广西师范大学，2022.

[25] 李子贤. 创客教育背景下的农村小学信息技术课程教学实践研究 [D]. 广州：广东技术师范大学，2022.

[26] 范梓晴. 促进深度学习的小学信息技术教学策略研究 [D]. 沈阳：沈阳大学，2022

[27] 李宙神. 基于 ARCS 的小学信息技术移动学习平台的设计研究 [D]. 北京：中央民族大学，2022.

[28] 李明慧. 小学信息技术课堂中基于思维导图的任务驱动教学活动设计研究 [D]. 烟台：鲁东大学，2022.

[29] 杜佳慧. 小学信息技术课项目式学习中学习支架的设计与应用研究 [D]. 烟台：鲁东大学，2022.

[30] 聂婷. 小学信息技术"图形化编程"学习活动设计及实践研究 [D]. 呼和浩特：内蒙古师范大学，2022.